JN041246

0 ―ゼロ―からわかる！

不動産投資

超入門

不動産鑑定士／
不動産投資コンサルタント
浅井佐知子 監修

Understanding from 0!
Introduction to Real Estate Investment

ソシム

本書を手に取ったあなたへ

2015年に出版した1冊目の本『世界一やさしい不動産投資の教科書1年生』（ソーテック社）、そして2022年に出版した『世界一楽しい不動産投資の授業』（ソシム）は、たくさんの方に読んでいただきました。

1冊目は"区分マンション"を中心に、2冊目は区分マンションだけではなく、"戸建て"や"アパート"についても書きました。どちらも我ながらよくできた本だと思いましたが、はじめて不動産投資の勉強をする人にとっては、やや難しいかもしれない、と感じていました。

そんななか、2冊目の本を出版したソシムさんから、「不動産投資をゼロから学ぶ人のための書籍の監修をお願いしたい」という嬉しいオファーがありました。

まったく知識がない人でも不動産投資をはじめることができるように、次のことを大切にしました。

- 難しい言葉をよりやさしく説明する
- 徹底的にわかりやすさにこだわる
- だけど不動産投資に必要な知識はすべて網羅されている
- 物件選びから購入に至るまで時系列に理解できる

実際のところ、はじめて不動産投資を勉強したいと思っている人にはぴったりの本になったと思います。

不動産投資には、特別な才能がいらないので誰でも取り組むことができますし、短期間で大金持ちになることは無理でも、勉強をして目標へ一歩ずつ進めば、確実に生活が豊かになります。

　不動産投資と聞くと、たくさんの自己資金が必要だと思うかもしれませんが、まずは300万円あれば、安心してはじめることができます。また融資を上手く利用することで、少ない自己資金で大きな物件を手に入れることができます。

　さらに、1度物件を買ってしまえば、毎月家賃収入が入り、そのわりに手間がかからないので、本業との両立も十分可能です。

　これだけ聞くと、よいことずくめに思える不動産投資ですが、リスクもあります。リスクについては、ぜひ本書でしっかりと学んでください。リスクについて学び、対策を知ることが不動産投資で成功する近道です。

　みなさまに、豊かで幸せな不動産投資家になってほしいという願いを込めて。

不動産鑑定士・不動産投資コンサルタント

浅井　佐知子

はじめに知りたい！

Q1 不動産投資って何ですか？

A1 不動産を買って、貸し出すことで資産を増やす投資方法です。

不動産投資では、利益を得ることを目的に不動産を購入します。ほかの投資方法に比べてリスクが低く、安定的な収入を見込めます。

【 不動産投資のしくみ 】

不動産を
選んで買う！

不動産を
貸し出す！

メリット1

入居者から家賃収入を得られる！

不動産を入居者に貸し出して、家賃収入を得ることで資産を増やす。空室や家賃の滞納がない限り、不動産を持っていれば、必ず家賃収入が得られる。家賃収入は不動産投資の最大のメリットで、「インカムゲイン」ともいう。

メリット2

売ってもうけることもできる！

不動産が値下がりしたときに購入し、値上がりしたときに売れば、差額分が利益になる。ローンを組んで購入した場合は、残っているローン以上の金額で売れば、差額分が利益になる。この利益を「キャピタルゲイン」ともいう。

【 リターンとリスクのバランスがよい 】

高

リターン

外国の通貨を売買して利益を得る投資商品。自己資金の最大25倍の金額で取引できる。大きな利益を狙えるぶん、リスクも高い。

FX

お金を借りて株に投資する方法。自己資金の約3倍の金額で取引できるが、うまくいかなかった場合は借金になる。

信用取引

株

株式会社に出資して利益を得る投資商品。資産を増やしやすいが、投資資金が減るリスクがある。

不動産・J-REIT
ジェイリート
(→ P32)

投資資金は保証されないが、安定的な収入を目指すことができ、一瞬で全額失うことはない。ミドルリスク・ミドルリターンのバランスがよい投資商品。

**預貯金・
定期預金・
国債**

投資資金は減らないが、資産はほとんど増えない。銀行に預ける預金や国が発行する債券（国債）がこれにあたる。

低

高

リスク

特徴 1 **融資を
受けられる**

不動産投資は銀行からお金を借りることができる。自己資金が少なくても、物件を購入することができ、家賃収入を得られる。ローンを返済してもプラスになるように、しっかりと利益の出る物件を購入しよう。

特徴 2 **インフレに
強い**

インフレによって、モノの価格が高くなると、不動産の賃料や価格も高くなる。そのため、家賃収入を増やしたり、高く売却することができれば、利益を得るチャンスになる。

特徴 3 **値動きが
安定している**

株や為替は瞬時に価格が変動するが、不動産は売買に時間がかかるため、価格はゆっくりと変動する。リーマンショックなど経済的な事件があっても、不動産には大きく影響せず収束することが多い。

Q2 仕事や家事が忙しくてもできますか？

A2 不動産投資は働きながらでもOK！
忙しい人にこそおすすめです！

不動産投資は株やFXなどに比べると、投資家がやることは少ないため、本業が忙しくても不動産の数が増えても、続けやすい投資方法です。

【 買ったあとがとっても楽！ 】

不動産の管理は、基本的に管理会社におまかせするので、不動産を選んで購入してしまえば、持っている間にやることはほとんどない。うまくいけば、年間で10日間ほど不動産投資の作業をするだけで、毎月固定収入が入る。不動産投資は、金の卵を産むニワトリを買うようなものといえる。

ふだんは持っていることを忘れてしまうくらい楽です！

入居者探しや部屋の内見、入居や退去の手続き、家賃の催促、入居者からのクレーム対応、トイレやエアコンなどの設備の故障など、基本的にすべてのことを管理会社が対応する。入居者を募集するときには、専門の賃貸仲介会社にも頼むこともある。

【 運用中にやること 】

トラブル対応の報告・相談を受ける

入居者からのクレームや設備の故障があった場合は、基本的に管理会社が対応してその報告を聞くか、対応の提案を受けるだけでよい。

入退去時にリフォームの手配と入居者を決定する

入退去があった場合、リフォームや募集条件について管理会社から提案を受ける。管理会社と相談しながら、最終的な決定は自分で行う。

建物の掃除・修繕を手配する

建物の周りの掃除や、10～15年に1度行う塗装や外壁工事などの準備をする。自分で手配すると費用削減になるが、管理会社に頼むこともできる。

Q3 初期費用はたくさん必要ですか？

A3 300万円あれば
はじめることができます！

投資用の不動産は基本的に中古なので、数百万円から購入できます。投資資金と目的・目標があれば、成功するために特別な才能は必要ありません。

必要なもの①：300万円以上の資金

購入時にかかる費用や運用中の費用も考慮して、すぐに現金化できる資産が300万円以上あれば、安心してはじめられる。

物件の種類によって価格は違う

区分マンション　戸建て

100万円台のものも！

アパート

自己資金500万円
くらいから！

物件の種類（→P22～）や地域、立地、築年数などによって不動産の価格は異なる。区分マンションと戸建ては現金で、アパートは融資を利用して購入する。

**1万円からできる
不動産投資もある**

複数人で不動産に出資する方法もあり、少額から行うことができる。不動産投資信託（→P32）や不動産投資クラウドファンディング（→P38）がこれにあたる。

＼ 今の自分の投資資金 ／

　　　　円

生活に支障がない範囲で不動産に投資する金額を決める。アプリなどを使って今の自分の資産を把握すると、無理のない投資金額を決めやすい（→P159）。

必要なもの②：投資の目的と目標

具体的な目標を決めておくと、不動産を探すときや売る時期を
考えるときに役立つ。

目標は明確に

子どもの将来のために
お金がほしい

もっと趣味に
お金を使いたい

早くお金を貯めて
仕事を辞めたい

老後や介護のために
お金を貯めたい

＼ 自分の目的・目標 ／

　　　　　　　　　　　　　　　　　　　　のために

　　　年　　　　月　までに 　　　　　　　円　ほしい

Q4 うまくいかないこともありますよね？

A4 どんなリスクがあるか知って
対策すれば成功できます！

不動産投資をはじめる前に、不動産投資のリスクとデメリットについて知っておきましょう。そうすることがリスクを減らす第一歩になります。

【 不動産投資のリスクを知ろう 】

空室リスク

空室になり、なかなか入居者が決まらないと収入を得ることができなくなる。空室になりやすい物件や入居者が決まりにくい物件を購入してしまうと、空室リスクが高くなる。

災害リスク

台風や大雨、地震、火災などの被害によって、不動産が損傷すると、修繕などの費用がかかる。最悪の場合、建物がなくなったり、地盤が悪くなったりしてしまう。

事故のリスク

孤独死や自殺、他殺などの事故が起きると、高額なリフォーム費用がかかったり、入居者が決まりにくくなったりする。近くの部屋や建物で事故が起きた場合も、影響を受けることもある。

金利変動リスク

ローンを組んで不動産を買った場合、金利が上昇すると、返済額が増える。金利には固定金利と変動金利があり、固定金利のほうが利率は高めだが、返済額が増える心配はない（→P167）。

ローンが返せなくなるリスク

ローンを組んで不動産を買った場合、自己資金があまりに少ないと、不動産の収入よりもローンの返済額のほうが大きくなってしまうことがある。そうなると、銀行への返済が滞り、最悪の場合破産してしまうことも。

デメリットも知っておく

税金が高い

不動産は、購入するときにも、持っているときにも、そして売るときにも税金がかかる。ほかの投資に比べて税率が高いうえ、減額することは難しい。また、所得税対策としての効果も見込めない。

すぐに現金化できない

不動産は購入にも売却にも、法的な手続きが必要になり、契約から不動産の引き渡しを終えるまでに3か月ほどかかってしまう。買い手がなかなか見つからないと、それ以上に時間がかかる。

【 リスクを下げる方法 】

物件の選び方を
知る
(→ P42)

シミュレーション
をする
(→ P76)

現地調査へ
行く
(→ P108)

火災・地震保険
に入る
(→ P128)

入居者募集の
コツを知る
(→ P142)

本書を読んで
知識を
身につける

Q5 何からはじめたらよいですか？

A5 目的・目標を決めたらロードマップを 書いて、具体的な計画を立てましょう

ロードマップとは、目標を達成するための計画のことです。いつ、いくらでどんな不動産を購入し、いくらの収入を得るのか記入します。具体的な計画を立ててから、不動産投資をはじめましょう。

【 ロードマップの書き方 】

🖉 投資資金・目的・目標に 合わせて書く

🖉 実際に買う前と買ったあとに 見直して修正する

まずは、今の自分が考える理想のロードマップを書いてみよう。第3章まで読んだら、1度見直してみるとよい。少なくとも1年に1度は見直して、資産状況にあわせて修正しよう。

1年目

投資資金 🖉 ＿＿＿＿＿ 万円

（ローン： あり ／ なし ）

1つ目の物件
区分マンション ／ 戸建て ／ アパート

年間のキャッシュフロー*
🖉 ＿＿＿＿＿ 万円

買わない年が
あっても
OKです

2年目

投資資金 🖉 ＿＿＿＿＿ 万円

（ローン： あり ／ なし ）

2つ目の物件
区分マンション ／ 戸建て ／ アパート

年間のキャッシュフロー
🖉 ＿＿＿＿＿ 万円

＊年間のキャッシュフロー（税引き前のキャッシュフロー）：年間収入ー費用ー銀行の返済額（→P79）

本書の登場人物紹介

浅井佐知子先生
不動産鑑定士で不動産投資
コンサルタントをしている、
不動産のスペシャリスト。
初心者にもわかりやすく、
不動産投資について解説！

山田さん・会社員（30代）
株をやっているが仕事が忙
しく、株価のチェックがお
っくうに。不動産投資をは
じめて、趣味に使うお金が
ほしいと考えている。

鈴木さん・会社員（30代）
浅井先生の本を読んで、不
動産投資に興味を持った。
貯金が貯まってきたので、
将来のために副収入がほし
いと考えている。

アパートマン
浅井先生のアシスタン
ト。不動産の図面を見
るのが大好き。

おさいふちゃん
浅井先生のアシスタン
ト。おトクな情報に目
がない。

4年目

投資資金 　　　　　　万円

（ローン：あり ／ なし）

4つ目の物件
　区分
マンション ／ 戸建て ／ アパート

年間のキャッシュフロー
　　　　　　　　　　万円

年間収入の
合計が自分の
目標を達成できる
ようにしよう

3年目

投資資金 　　　　　　万円

（ローン：あり ／ なし）

3つ目の物件
　区分
マンション ／ 戸建て ／ アパート

年間のキャッシュフロー
　　　　　　　　　　万円

5年目

投資資金 　　　　　　万円

（ローン：あり ／ なし）

5つ目の物件
　区分
マンション ／ 戸建て ／ アパート

年間のキャッシュフロー
　　　　　　　　　　万円

contents

第1章 まずは自分に合った不動産投資を選ぼう

第2章 現物不動産投資 購入する不動産を選ぼう

第3章 利益が出るかシミュレーションしよう

第4章 不動産購入の流れを知ろう

不動産投資を
学んでいこう！

まずは自分に合った 不動産投資を選ぼう

不動産に投資する方法はいくつかあります。それぞれの特徴を
知って、自分に合う投資方法を見つけましょう。

自分に合う
不動産投資は
どれ？

不動産は1人で買うor共同で買う

不動産投資には2つの方法があります。まずはその2つから、自分に合ったものを選びましょう。

 不動産に投資する方法は、主に2つあります。1つは現物不動産を買うもので、不動産を自分で購入して、人に貸し出す不動産投資です。

 不動産を買って、大家さんになるということですね!

 家賃という形で収入を得るんですね。大家さんになる以外の不動産投資もあるんですか?

 もう1つ、共同で行う不動産投資があります。不動産を共同で買う方法で、不動産投資信託と不動産投資クラウドファンディングがこれにあたります。この場合は、不動産を運用している会社に出資することになります。

 私がイメージしていたのは、現物不動産投資のほうです。

 そうですよね。本書でも主に、現物不動産投資について解説していきます。

現物不動産
土地や土地の上にある建物のこと。不動産投資では、主に「区分マンション(→P22)」「戸建て(→P24)」「アパート(→P26)」の3つがある。

大家さん
不動産を所有する人のこと。賃貸借契約における貸主。

不動産投資信託
株の1つ。投資のプロにお金を預けて運用してもらう投資商品(→P32)。

不動産投資クラウドファンディング
クラウドファンディングの形式で、不動産に投資すること(→P38)。

"大家さん"になるのは現物不動産投資

現物不動産投資

所有

投資家
＝
大家さん

不動産

所有して貸し出す

不動産を所有して、借主に貸し出す。家賃収入によって利益を得る。不動産を誰に貸し出すかや修理など、不動産についての決定権を投資家（＝大家）が持つ。

共同で行う不動産投資

出資

運用会社

不動産

出資して運用はおまかせ

不動産を運用する会社に出資して、不動産に投資する。投資信託とクラウドファンディングがあり、利益は出資金額に応じて運営会社から分配金としてもらう。

特徴を比較しよう

	現物不動産投資	共同で行う不動産投資
価格	数百万円〜	1万円〜
運営・管理	管理会社を選んでまかせる or 自主管理	自動的に運用をプロにまかせる
融資	受けられる	受けられない
収入	家賃収入を得る	分配金としてもらう
買い方	不動産仲介会社から買う	証券会社や運用会社から買う

買ったあとの管理が楽な "区分マンション"

マンションの一部屋だけに投資する方法です。投資家は所有している部屋だけ管理すればよく、手間がかかりません。

現物不動産の1つに、区分マンションがあります。郊外にある中古の物件なら安いものが多いので、少額からはじめたい人に向いています。

区分マンション
一部屋単位で購入するマンションのこと。

中古の物件を買うんですか？

基本的には、中古の物件をローンを組まずに現金で購入します。購入後の管理が楽なので、忙しい人にも向いています。

どうして管理が楽なんですか？

管理組合
マンションの共用部分や敷地などを管理する団体。区分マンションの所有者は加入が義務付けられている。

管理組合を通じて、建物の管理をすべてマンションを管理する会社にまかせることができるからです。そのかわり、管理費と修繕積立金を毎月支払います。

管理費
物件の日常的な管理にかかる費用。エレベーターの点検や共用部分の清掃などがある。

安くて楽だけど、そのぶん費用がかかるということですね……。

きちんとシミュレーションをすれば、費用がかかっても、安くて利益になる物件を選ぶことができます（→第3章）。

修繕積立金
物件を長期的に維持するための修繕費用の積立金。外壁の塗装や屋根の防水工事などの費用になる。

区分マンション投資のメリット・デメリット

 管理の手間がかからない

建物の共用部分など、自分が所有している部屋以外の部分は、すべてマンションの管理会社が管理する。建物に関する管理が不要なので、ほかの現物不動産よりも楽。

 比較的価格が安い

区分マンションは、規模が小さいのでほかの現物不動産よりも安く購入できる。地域などによって価格は変わるが、100万円台の物件もある。

 税金が安い

土地がほかの部屋の所有者と一緒に所有する「共有持分」になっているため、税金は安い。持っている部屋の面積の割合によって、支払う金額が決まる。

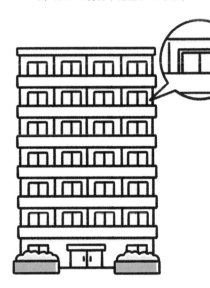

忙しい人や資金が少ない人でもはじめやすいですよ

 管理費がかかる

建物の管理をまかせるので費用がかかる。建物が古いほど、オートロックやエレベーターなどの設備が整っているほど費用は高くなる。好きなタイミングで塗り替えや建て替えはできない。

 空室になったときの収入への影響が大きい

持っている戸数が少ないと、空室になったときに収入への影響が大きくなる。また、一部屋ずつ購入するので、手間がかかり、投資不動産の数を増やしにくい。

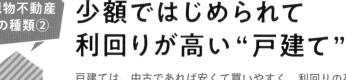

少額ではじめられて利回りが高い "戸建て"

戸建ては、中古であれば安くて買いやすく、利回りの高い物件を見つけやすいです。

 戸建ても現物不動産投資の対象です。

 戸建ては高そうですね……。

 100万円くらいから買えるんです。それに、利回りが高いんです。

 そうなんですか？　家を建てるときはもっとかかりますよね。

 中古なので、安いんです。戸建ては融資を受けにくいので、基本的に中古で少額のものを現金で購入します。少しずつ不動産を増やしたい人に向いています。

 でも、中古で安いってことは、建物がボロボロだったりするんじゃ……。

 基本的にリフォームをしてから貸し出すことになります。自分でDIYをしたり、DIY可能物件として貸し出したりすると、リフォーム費用を削減することができます。

戸建て
一戸ごとに独立している物件のこと。一軒家。

利回り
不動産の購入金額に対する利益の割合のこと。不動産投資には、表面利回りと実質利回りがある（→P44）。

DIY
Do It Yourselfの略。一般の人が自分でモノをつくったり修理したりすること。日曜大工。

戸建て投資のメリット・デメリット

利回りが
高くなりやすい

築年数や地域によっては、100万円程度で購入できるものも多い。安く購入できるうえ家賃を高くしやすいので、利回りが高くなる。

長期間
利益を得られる

基本的にファミリーが住むため、単身者向けよりも長期間入居する人が多い。そのぶん家賃収入を長く得ることができる。

物件の
売り方が豊富

投資物件として売る以外にも、自宅を探している人向けに売ることや「古家あり」の土地として売ることもできる。そのため、売って利益を得る場合に売り手を見つけやすい。

安い価格で
購入しやすい

相続した戸建てが売りに出ていることが多い。利益ではなく資産整理のために売りに出しているので、安く購入しやすい。

工夫すれば、
リフォーム費用も
含めて150万円
くらいから購入
できることも！

リフォームの
費用・手間が
かかる

リフォームの見積もりを取ったり、リフォーム後に確認をしたり何度も現地に行ったりと手間がかかる。そのため投資する物件を増やしにくい。

融資を
受けにくい

中古の戸建ては古い物件が多いため、融資を受けにくく、基本的に現金で購入する。リフォーム費用のみ融資を受けられる場合も（→P166）。

空室時の
負担が大きい

長期間住む人が多いため、空室になるとリフォームが大変。また、持っている物件が少ないと、空室になったときの収入への影響が大きい。

すぐに収入を期待できる "アパート"

中古でアパートを購入すれば戸数を稼げ、買ったあとすぐに収入を得ることができます。

 現物不動産には、アパートやマンションを一棟まるまる購入する方法もあります。

 アパートやマンションって高額なイメージです。一般の人でも買えるんですか？

 マンションは高額かもしれませんね。はじめはアパートのほうがよいでしょう。融資を利用すれば買うことができます。

 でも、いきなり何戸もある物件のオーナーになるなんて心配です。

 はじめてでも大丈夫です！ 基本的に中古で購入するので、オーナーチェンジ物件になります。空室が少ない物件なら、楽に運営を開始することができます。

 すぐにまとまった収入が入ってくるし、運営も楽ってことですね！

 早く戸数を増やすことができるので、家賃収入の目標金額が大きい人にも向いています。

アパート
一般的に、木造か軽量鉄骨でつくられた2階建ての建物のこと。

マンション
一般的に、鉄骨や鉄筋コンクリートでつくられた3階建て以上の建物のこと。

※アパートとマンションは法律的に明確な区分はなく、不動産仲介会社や管理会社によって定義が異なる。本書は上記の区分にのっとり、アパートを主に取り扱う。

オーナーチェンジ物件
入居者がいる状態で、売主から買主に引き継ぐ物件のこと。

アパート投資のメリット・デメリット

 すぐに収入が入る

中古のアパートでは、もともと入居者がいる物件を購入するので、すぐに収入を得ることができる。また、空室がなければ入居者を募集する必要もなく、すぐに運営を開始できる。

 空室リスクを減らせる

複数の戸数を所有することになるので、空室になっても収入への影響が少ない。戸数が多いほど、空室リスクは低くなる。

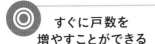 **すぐに戸数を増やすことができる**

1戸ずつ購入して規模を増やしていく区分マンションや戸建てに比べると、短期に戸数を増やすことができる。そのぶん収入も増やしやすい。

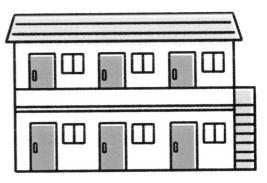

建物の修繕やリフォームについては自分で決めるので、工夫次第で費用を削減することもできます（→第5章）

 物件価格が高い

一棟をまるまる購入するので、安い物件が少ない。融資を受ける場合が多いため、入居者が決まらないときの損失が大きい。

 入居者の入れ替わりが多いと費用がかさむ

入れ替わりが多いと、リフォームや入居者募集に費用と手間がかかり、収入より費用が大きくなることも。地域や間取りを選ぶときに注意しよう。

ビルや駐車場も
不動産投資の対象

区分マンション、戸建て、アパート以外の不動産にも投資することができます。

 居住用の不動産だけでなく、店舗や駐車場、トランクルームなども現物不動産投資の対象です。

 なんだか、一般の人に不動産を貸すよりも、家賃収入を得られそうですね！

 確かに、店舗や事業所ビルは居住用の不動産よりも家賃が高い傾向があります。しかし、景気に左右されやすく、融資が付きにくいなどのデメリットもあります。

 難しそうですね……。駐車場やトランクルームはどうですか？

 居住用の不動産より、賃料が低い傾向があります。初期費用や管理費は安くすみますが、資産を増やすには時間がかかります。また、居住用とは不動産の選び方や運営の方法が異なります。

 そうなんですね。はじめは区分マンションか戸建て、アパートのどれかにしようと思います。

景気
経済活動全般の動向のこと。経済活動が活発な状態を好景気、停滞している状態を不景気という。不動産は、ほかの投資対象に比べると景気の影響を受けにくいとされる。

それぞれに
メリットと
デメリットが
あります

ほかにもある！ 投資できる不動産

店舗・事業所ビル

◎ 利回りが高い

△ 空室リスクが高い

家賃を高く設定しやすく、利回りが高い。また、長期間借りてくれることが多い。しかし、融資が通りにくく、場所が不便だと退去後空室のままになることも。

駐車場

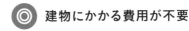

◎ 建物にかかる費用が不要

△ 税金が高い

土地だけなら、建物がないので修繕費がかからず、災害によるリスクも少ない。一方で土地だけだと税金が高く計算される。機械式駐車場は多額の修繕費がかかるのでおすすめしない。

トランクルーム

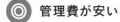

◎ 管理費が安い

△ 収入が低い

安く購入することができて、建物の管理費もかからない。しかし、1つの空間につき、月額1万円前後の賃料にしかならないので、大きな収入を得ることは難しい。

団地

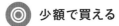

◎ 少額で買える

△ 建物が古い

一部屋なら100万円程度で購入できるものが多い。団地そのものが小さな街を形成していることが多く、好立地。ただし、建物が古い傾向があるので、間取りや設備がよくないことも。

不動産投資に
慣れてきたら、
検討してみても
よいでしょう

利益に差が出る

不動産は中古で買うのが成功のための鉄則！

　不動産投資と聞くと、初期費用に何千万円もかかってしまうと考える人が多いかもしれません。しかし、不動産投資では、どんな物件も基本的に中古で購入します。安い物件だと、リフォーム費用なども含めて300万円程度からはじめることができます。安く購入できるので、家賃を低く設定しても利益になりやすく、入居者も募集しやすくなります。

　また、中古の場合はすでに入居者がいる物件（オーナーチェンジ物件）もあります。その場合は、入居者を募集する費用や手間をかけるこ

 となく、すぐに収入を得ることができます。

　新築は中古よりも家賃を高く設定でき、修繕費も安くすみます。しかし、物件価格が高額で、ローン返済額が多くなり、中古よりも利益が少なくなることがほとんどです。また、入居者が決まらずに収入がないまま、物件を管理する費用がかさんでしまうこともあります。

　高額な新築を購入して利益にならず、失敗してしまう人はたくさんいます。中古からはじめたほうがリスクはおさえられるといえます。

【 中古は利益になりやすい 】

区分マンションや
戸建てなら、ローン
なしで購入できる
ものがたくさん！

- 初期費用が安い
- 物件が豊富で選びやすい

中古は新築よりも安く購入することができる。また、物件数が豊富なので、自分の投資目的に合う物件を選びやすい。

【 中古物件には2つのタイプがある 】

空室物件

きれいに
するぞ！

リフォームから
入居者選びまで

すべてを
経験できる！

購入後、リフォームをして入居者を選ぶ。入居者の募集条件や賃料などを自分で決めることができる。

注意点

- 入居者が決まらないこともある
- 運営開始まで費用・時間がかかる

オーナーチェンジ物件

どうぞ！　ありがとう

入居者がいる
物件をもらうだけ

購入後の
手続きが楽！

購入時にすでに入居者がいるので、リフォームや入居者募集は不要。しかし、空室になるまでは自分で入居者を選んだり、賃料を設定したりできない。

注意点

- 内見ができない
- 入居者を選べない

株として不動産を買う
"不動産投資信託"

共同で不動産投資を行う方法の1つに、不動産投資信託があります。

株として不動産を買う不動産投資信託という方法もあります。現物不動産よりも少ない資金で投資することができます。

「株として不動産を買う」とは、どういうことですか？

証券取引所に上場している不動産投資法人（J-REIT）に投資します。不動産投資法人が投資家から資金を集め、投資家のかわりにプロが運用するんです。

どうやって利益を得るんですか？

出資した金額に応じて分配されます。キャピタルゲインを目的に、株のように売買することもできます。

株と同じリスクがあるんですか？

その通りです。価格変動リスクや信用リスクなどがあります。ただ、運用はプロにおまかせで、空室や建物の管理について考える必要はありません。

証券取引所
株などを売買する専門の場所。日本には東京証券取引所などがある。

不動産投資法人（J-REIT）
投資証券を発行して投資家から集めた資金で、複数の不動産に投資する。

キャピタルゲイン
買った価格よりも高く売ることで得る利益。

価格変動リスク
価格は、景気などによって変動する。価格が上がって利益になることがあれば、下がって損失になることもある。

信用リスク
運営している会社がつぶれるリスク。最悪の場合、保有している投資信託は無価値になってしまう。

投資家から資金を集めてプロが運用

J-REITの株を買って投資

どんな不動産を運用しているかなどを見てJ-REITを選ぶ。

管理・運用する

投資家から集めた資金で、複数の不動産を管理、運用する。

投資家

J-REIT

不動産

分配金をもらう

J-REITが不動産から得た利益をもらう。所得税と住民税が引かれる。

家賃収入を得る

不動産を運用して収入を得る。売却して利益が出ることも。

特徴 1

管理・運用が不要

投資家はJ-REITを選ぶのみ。実際にどんな不動産をどのように管理・運用するのかはJ-REITが決める。空室リスクなどを考える必要もない。

特徴 2

すぐに売買できる

株と同様、証券会社を通じていつでもすぐに売買できる。現物不動産の場合は、法的な契約を行うので、売買手続きに数か月かかる。

特徴 3

簡単にリスクを分散できる

J-REITでは、自動的に複数の不動産に投資することになる。1つの不動産から収入がなくなっても、ほかの不動産から収入を得ることができる。

特徴 4

分配金を年に2回もらう

J-REITの決算後、利益があったときに分配金をもらう。多くのJ-REITで年に2回の決算があるため、運用がうまくいっていれば、年に2回得られる。

不動産投資信託②

不動産投資信託なら
リスクを分散できる

投資家から集めた資金で、複数の不動産を運用するJ-REIT。
どんな不動産を運用しているか確認しましょう。

不動産投資信託だと、どんな不動産に投資することになるんですか？

投資家から集めた資金は、複数の不動産に分散投資されます。 投資対象の不動産用途によって、主に単一用途型と複数用途型があります。どちらを選んでも、複数の不動産に分散して投資することができます。

少額で複数の不動産に投資できるというのは、魅力的ですね。

J-REITを選ぶときは、投資している不動産の種類に注目します。主に右ページの6つの種類があるので、将来性があると思うものを選ぶとよいでしょう。

不動産投資信託は、どうやって購入するんですか？

証券会社から購入します。 まずは、証券会社の口座を開設することからはじめましょう（→P36）。

分散投資
資金をいくつかの対象に分けて投資すること。失敗したときのリスクをおさえることができる。

単一用途型
1つの用途の不動産に投資する。特定の用途に特化することで、業績が上がったときは高い利益を狙えるが、そのぶん下がったときの損失も大きい。

複数用途型
「オフィスビルと住居」など、2つ以上の用途の不動産に投資する。用途の数や割合はJ-REITによって異なるが、不動産の用途が分散されるので、リスクも分散しやすい。「トーセイ・リート投資法人」や「スターアジア不動産投資法人」などがある。

証券会社
株などの有価証券の売買取次などを行う会社。

J-REITの種類を選ぼう

単一用途型
「オフィスビル特化型」など、1つの用途の不動産に特化しているもの。

複数用途型
2つの用途の不動産に投資する「複合型」と3つ以上の「総合型」がある。

投資先の不動産の種類の例

オフィスビル

法人向けのビル。投資対象として物件数が最も多い。物件あたりの規模が大きく利益になりやすいが、景気に左右されるため安定性が低い。

例
- いちごオフィスリート投資法人
- 森ヒルズリート投資法人

住居

アパートやマンションなど。一般の人向けに貸し出すので、物件あたりの規模が小さく保有する物件数が増える。景気に左右されにくい。

例
- サムティ・レジデンシャル投資法人
- コンフォリア・レジデンシャル投資法人

ホテル

ホテルやリゾート施設など。ホテルのブランド力や収益性といったホテルを運営する会社の能力にも左右されるうえ、観光業の影響を受けやすい。

例
- 星野リゾート・リート投資法人
- インヴィンシブル投資法人

商業施設

店舗ビルやショッピングセンターなど。都市部を中心としていると景気の影響を受けやすいが、郊外を中心としていると安定性が高い。

例
- フロンティア不動産投資法人
- イオンリート投資法人

物流施設

物流に使う倉庫や物品の検査、包装などを行う関連施設。物件あたりの規模が大きいのが特徴。今後も伸びていくことが期待されている。

例
- ラサールロジポート投資法人
- SOSiLA物流リート投資法人

ヘルスケア

老人ホームや病院などの介護・医療施設。あまり景気に左右されず、高齢化にともなって需要が高まっているため、利益を見込みやすい。

例
- ヘルスケア&メディカル投資法人
- ヒューリックリート投資法人

※2024年2月現在の情報をもとに作成。

知って
トクする！

スマホ1つで簡単にできる

不動産投資信託を買ってみよう

【 証券会社を選ぼう 】

主な証券会社

野村證券　　SMBC日興証券

SBI証券　　楽天証券　　LINE証券

証券会社によって売買にかかる手数料や取り扱う商品が異なる。ほとんどの証券会社は、口座の開設から商品の購入までスマホかPCのみでできる。

【 証券口座を開設しよう 】

準備するもの

☑ PC orスマホ
☑ 本人確認書類
☑ マイナンバー

口座の開設は
無料です！
維持費も
かかりませんよ

❶ 証券会社のホームページから
　口座開設を選ぶ

［例］SBI証券

ここを
タップ

❷ 個人情報の入力

住所や氏名、生年月日、電話番号などを入力する。

③ 口座の種類を選ぶ

確定申告が不要なのでおすすめ！

口座の種類によって税金の納付方法が異なる。「源泉徴収あり」の口座なら、自分で確定申告をする必要がない。

④ 必要書類の提出方法を選ぶ

スマホでその場で写真を撮る

書類を郵送する

本人確認書類やマイナンバーがわかる書類を提出する。スマホの場合は、書類を撮影して提出できる。

⑤ 必要書類の提出・確認

④で選んだ方法で必要書類を提出し、証券会社の確認を待つ。

⑥ 必要事項の登録

出入金する金融機関など、必要事項を登録する。

⑦ 審査後に口座が開設！

審査に通過すれば、口座の開設は完了。口座番号やパスワードの通知が届く。

【 J-REITを選んで購入しよう 】

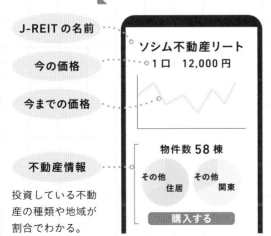

- J-REITの名前
- 今の価格
- 今までの価格
- 不動産情報

投資している不動産の種類や地域が割合でわかる。

どんなJ-REITがあるか調べる

各証券会社のマイページや専用リイトでJ-REITを検索できる。価格や投資対象の不動産情報などを確認して、よいものを見つけよう。

購入する

各証券会社のマイページから、購入したいJ-REITのページを開くと購入できる。

1万円からOK！"不動産投資クラウドファンディング"

ここではクラウドファンディングの形式で不動産に投資する方法を紹介します。

 クラウドファンディングとして不動産に投資する方法もあります。最低投資金額は不動産によりますが、1万円くらいから購入することができます。不動産投資信託と同様に、**投資家たちから資金を集めて、運用はプロが行います。**

 不動産投資信託との違いはなんですか？

 クラウドファンディングなので、募集期間があります。期間を過ぎると投資できず、資金が集まるまでは不動産の運用もはじまりません。また、運用期間中は基本的に投資資金を引き出すことはできません。

 不動産投資クラウドファンディングは、どのように購入するんですか？

 販売・運用する専門の会社から購入します。基本的にスマホ1つで購入することができます。どんな不動産なのか、どんな運営会社なのかをきちんと確認して選びましょう。

クラウドファンディング
特定の事業のために、インターネットを通じて不特定多数の人から資金を集めること。

**販売・運用する
専門の会社**
不動産投資クラウドファンディングの情報提供なども行う。「クリアル」や「テクラウド」などがある。

最低投資金額は
不動産によって
違います

クラウドファンディングのしくみ

出資 →

購入・運営 →

分配金 ←

お金

収入 ←

投資家　運営会社　不動産

ある不動産の購入や運営の継続のために、投資家から
資金を集める。不動産からうまれた利益は、出資した
金額に応じて投資家に分配される。

クラウドファンディングの特徴

募集のサンプルページ

ソシム不動産

| 利回り | 運用期間 | 募集期間 |
| 5% | 24か月 | 11/1〜
3/1まで |

募集金額 1 億円

80%

不動産投資クラウドファンディングを運営
する会社のホームページから、募集のペー
ジを見ることができる。

運用期間後、
元金が返ってくる

運用期間が終わると、投資した金額が戻っ
てくる。不動産を売却する場合は、出資し
た金額に応じて売却益をもらえる。

募集期間内に目標金額に
ならないと投資できない

目標金額が達成されるまでは、不動産を購
入できないため収入が入らない。また、募
集期間以内に達成できなかった場合は、元
金が返還されて投資できない。

現物不動産より
利回りが低い

不動産や運用会社によるが、一般的
に 3〜10% 程度。現物不動産のほう
が大きな利益になりやすい。

Q 現物不動産の購入資金を
早く貯めるコツはありますか?

A 自分の資産状況を把握して
無駄な出費がないか確認しましょう。

　まずは、自分の資産状況を確認しましょう。毎月どれくらいの収入と支出があるのか確認すると、収入を増やす必要があるのか、節約できることはないかなど、お金を貯めるために必要なことがわかります。銀行口座と連携できる家計簿アプリを使うと、簡単に資産状況を把握することができます（→P159）。

　いろいろな節約術を試したり、副業をはじめたりと、お金を貯める方法は人それぞれです。なかなかお金が貯まらない方は、収入が入ったらすぐに一定額を貯金する「先取り貯金」をやってみましょう。がんばって節約することも大切ですが、途中で嫌になり、我慢してきた反動でたくさんお金を使ってしまうとお金は貯まりません。そうならないために、収入を得たら先に貯金するようにしましょう。

　不動産投資は300万円あれば、はじめることができます。「何もしなくても、毎月固定収入が入る」というメリットを目指して、がんばりましょう。

節約できるかチェック！

☑ スマホのプランは
　自分に合っているか

☑ 不要なサブスクに
　入っていないか

☑ 無駄なお菓子やジュースを
　買っていないか　など

第 2 章

現物不動産投資
購入する不動産を
選ぼう

区分マンションと戸建て、アパートごとに選ぶときのポイントがあります。利回りや間取り、立地などに注目しましょう

ここからは、
現物不動産投資
について
解説します

不動産の
きほん①

不動産を探すときの
流れを知ろう

不動産投資の第一歩は、よい不動産を見つけることです。探し
方を知りましょう。

 不動産投資において、物件選びはとても
大切です。スマホやパソコンを使って不
動産仲介会社のサイトや専用のサイトか
ら探しましょう（→P68）。

不動産仲介会社
不動産の売買において、
売主と買主を仲介する会
社のこと。

 物件ってたくさんありますよね……。よ
い物件を見つけるには、どうしたらいい
んでしょうか？

 物件を探すとき、重視するのは利回りで
す。物件の種類ごとに、利回りには目安
があります。

物件の種類
投資する物件の種類のこ
とで、区分マンションや
戸建て、アパートなどが
ある。「物件種別」とも
いう。

 大きな駅の近くとか、地域で物件を探す
のではないんですね。

 地域から絞って探すと、なかなかよい物
件を見つけることができません。利回り
の高い物件に絞ってから、本当によい物
件なのかどうかを詳しく確認するように
しましょう。

 自分で住む家を探すのとは、探し方や注
目ポイントが違うんですね！

"よい物件ありき"で考える

ネットで探せる！

① 物件の種類を決める

区分マンション、戸建て、アパートごとに選ぶポイントが異なる。物件の種類ごとに、利益になる物件の選び方を知ろう。

② 利回りで物件を絞る

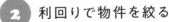

利回りが高く、利益になる物件だけを検討する。①で選んだ物件の種類ごとに、利回りの基準値は異なる。利回りは計算方法によって実質利回りと表面利回りがある（→P44）。

[利回りの基準値]

区分マンション	戸建て	アパート
8〜10%以上（実質利回り）	13%以上（表面利回り）	12%以上（表面利回り）

③ 物件の情報を確認する

- 間取り
- 周りの環境
- NG物件（→P58）ではないか など

物件サイトの情報やグーグルマップ、不動産仲介会社からの資料などを使う。購入後に入居者が決まりやすいか、災害のリスクは低いかなどを確認する。

④ よい物件ならシミュレーション・現地調査へ

（→第3章、第4章）

まずは利回りの高い物件で絞って、そのあと地域や物件について見ていきます

不動産投資の
利回りについて知ろう

不動産投資の利回りには、表面利回りと実質利回りの2つがあります。

 物件を選ぶために、まずは利回りについて知りましょう。資産を増やすためには、利回りを重視して物件を選びます。

不動産投資の利回りは、どれくらいが相場なんですか？

 物件の種類や築年数、地域などによって利回りは変化します。また、表面利回りと実質利回りのどちらで計算するかによっても変化します。区分マンションでは、実質利回りで8〜10%以上[※]、戸建てでは表面利回りで13%以上、アパートでは表面利回りで12%以上の物件を選びましょう。

 すごいですね！　株をやっているけど、配当金の利回りは3%くらいです。**不動産投資は利回りが高いのが特徴ですね！** 利回りは、高ければ高いほどもうかるからよいということですか？

 いえ、高すぎるのはよくありません。何か理由があるかもしれないので、しっかりと物件について調べましょう。

**物件選びで
最も重視するのは
利回りです**

配当金
株式会社の利益のうち、株を持っている人に配るお金のこと。

※物件サイトでは、一般的に表面利回りが記載されている。区分マンションを表面利回りで考える場合は、14〜15%以上の物件を探す。

不動産投資の利回りには2つある

表面利回り

年間収入を物件価格で割った利回りのこと。経費については考えない。「グロス利回り」ともいう。

計算式

年間収入÷物件価格×100

> 不動産を持っている間に得られる利益。賃料や共益費、駐車場収入などが含まれる。「インカムゲイン」ともいう。

実質利回り

毎年かかる経費と空室になったときの収入の減額分、購入時の経費などを考慮した利回り。表面利回りよりも正確で、「ネット利回り」ともいう。

管理にかかる費用や税金など（→P82）。　　空室になったことによって減った収入（→P78）。

計算式

（年間収入−年間経費−空室率の額）÷（物件価格＋購入時の諸経費＋リフォーム費用）×100

不動産仲介会社に支払う手数料や税金など（→P80）。　　空室でリフォームが必要な場合にかかる費用（→P140）。

第3章のシミュレーションツールを使えば、自動で計算することができます。それぞれの利回りがどんな意味を持つのか知っておきましょう

物件は構造によって耐用年数が違う

物件の構造には、主に4つあります。構造によって、丈夫さだけでなく、諸経費も変わります。

物件の構造も大切なポイントになるので覚えておきましょう。

構造によって、どんな違いがあるんでしょうか？

長持ちするかとか、丈夫さが変わりそうですね。

大きな違いは耐用年数で、構造ごとに法律で決まっています。ただ、耐用年数を超えたら使用できないということではありません。実際、耐用年数を超えて使用している建物は多くあります。そのほかにも、耐火性や耐震性も違います。

強くて壊れない構造がよいということですか？

それも物件を選ぶときの大切な観点ですが、丈夫な構造ほどリフォームがしにくく、費用がかかります。また、構造ごとに1㎡あたりの価格も異なり、丈夫な構造ほど高くなります。

耐用年数

一般に、建物が使用に耐えられなくなるまでの期間。耐用年数は減価償却費を計算する際に必要となる（法定耐用年数）。

耐火性

火災時における建物の燃えにくさ、火に耐える力のこと。

耐震性

地震が起きたときの建物の壊れにくさ、地震に耐える力のこと。

1㎡あたりの価格

1㎡あたり建築するのにかかる費用。構造によって異なる。金融機関によって採用している単価が異なるが、右ページの価格が一般的。

構造ごとの特徴を知ろう

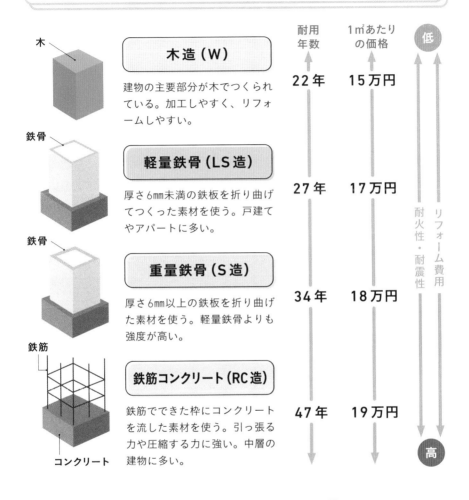

木

木造（W）

建物の主要部分が木でつくられている。加工しやすく、リフォームしやすい。

鉄骨

軽量鉄骨（LS造）

厚さ6mm未満の鉄板を折り曲げてつくった素材を使う。戸建てやアパートに多い。

鉄骨

重量鉄骨（S造）

厚さ6mm以上の鉄板を折り曲げた素材を使う。軽量鉄骨よりも強度が高い。

鉄筋

鉄筋コンクリート（RC造）

鉄筋でできた枠にコンクリートを流した素材を使う。引っ張る力や圧縮する力に強い。中層の建物に多い。

コンクリート

	耐用年数	1㎡あたりの価格
木造（W）	22年	15万円
軽量鉄骨（LS造）	27年	17万円
重量鉄骨（S造）	34年	18万円
鉄筋コンクリート（RC造）	47年	19万円

低 → 高
耐火性・耐震性　リフォーム費用

【 構造に注目するシーン 】

物件を選ぶとき

構造によって、建物の強度やリフォーム費用に違いがある。物件を選ぶときは、今後の運営のために、強度と費用のバランスを考えるとよい。

ローンを組むとき

「残存年数（耐用年数－築年数）」が長いほど、ローンを組みやすく、融資期間も長くなりやすい。融資期間が長いほど、毎月の返済額が減り手元に残る利益が多くなる。

不動産の
きほん④

販売図面から
不動産の情報を入手する

物件を選ぶために必要なたくさんの情報が、販売図面には記載されています。

投資用の不動産の情報は販売図面に載っています。販売図面は、ネットでも確認することができます。

パッと見ると、家を借りるときに見る物件の紹介情報に似ていますね。

投資ならではの情報もあります。右ページの例を見てください。特に、土地権利については、借地権ではなく所有権になっているものにしてくださいね。そのほか、取引態様や現状についてもきちんと確認しましょう。

どの不動産でも同じように確認するんですか？

間取りや立地については、物件の種類ごとにポイントが違うので、あとで詳しく紹介しますね。また、販売図面は不動産仲介会社が作成するので、会社によってデザインや情報量に違いがあります。情報が見やすいと好印象ですし、不動産仲介会社の対応がよいことも多いです。

販売図面は情報の宝庫

[区分マンションの例]

セールスポイント

間取り
物件の種類や入居者の対象によって注目ポイントは変わる。

250万円
オーナーチェンジ物件！
利回り12%

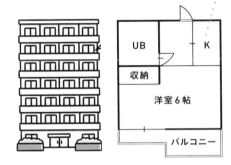

所在地	○○○○○○
交通	○○駅から徒歩5分
土地権利	所有権→所有権ならOK
構造	RC 4階建て→P46
築年数	1990年1月
階数	3階
戸数	45戸
★専有面積	18m²
★方角	南
★管理費	5,000円 → P22
★修繕積立金	6,000円
★管理形態	全部委託→P50
取引態様	専任媒介→P56
現状	貸出中
備考	月42,000円で貸出中。

★は区分マンションのみ

○○不動産会社　〒000-1111
TEL 00-1111-2222
免許番号　東京都知事(2)第○号→P56

不動産仲介会社の情報　候補の物件を見つけたら問い合わせる。

【 アパート・戸建ての場合に記載される情報 】

- 土地面積
- 建物面積
- 接道状況（せつどう）（→ P54）

- 建ぺい率
  敷地面積に対する建築物の割合（→P54）。

- 容積率
  敷地面積に対する延床面積の割合（→P54）。

- 都市計画区域
  都市計画法にもとづく区域区分（→P54）。

- 用途地域
  都市計画法にもとづく地域区分（→P54）。

★の項目の代わりに、上記の項目が入る

区分マンションは単身者が住みやすい物件を選ぶ

区分マンションは単身者向けの物件が狙い目。入居者が決まりやすいよう、便利さを重視しましょう。

 物件を選ぶときは、まず利回りに注目するんでしたよね？

 その通りです。区分マンションの場合は、実質利回り（→P44）で8〜10%以上の物件を狙います。

 間取りや地域は、どんなことに注意するとよいですか？

 区分マンションは、単身者向けの物件を選びます。1人でも住みやすいように、便利な地域にあることが大切です。

 都心の区分マンションがいいってよく聞きます。栄えていて、単身者も住みやすいし、よい物件ということですか？

 都心の区分マンションは利回りが低い物件が多いので、要注意です。利回りが高い郊外の区分マンションを検討するとよいでしょう。また、区分マンションでは管理をおまかせするので、管理形態が全部委託になっている物件を選んでくださいね。

都心の区分マンション
需要は安定しているが、物件価格が高く利回りが低い。ローンを組んで購入することになる。

郊外の区分マンション
平成初期ごろに建築された物件だと、200万〜300万円程度で購入できるものが多い。安く購入できるので、利回りが高くなる。

管理形態
マンションの管理のあり方のこと。管理組合員自身で管理する「自主管理」と管理をまかせる「全部委託」がある。

全部委託
マンションの管理を専門の会社にすべてまかせること。管理人が住み込む「常駐管理」や定期的に巡回する「巡回管理」などがある。

重視すべきは「便利さ」

間取りは 狭すぎない1Kに

ワンルームよりも1Kが便利で人気。しかし、専有面積（室内の面積）があまりにも狭いと、入居者が早く退去してしまう傾向があるので、18㎡以上あるものにする。床はフローリングで、洗濯機置き場が室内にあり、バスとトイレが別になっているとよい。

近くにスーパーや コンビニがある

買い物がしやすいように、徒歩圏内にスーパーやコンビニがあるところを選ぶ。徒歩圏内に市役所などの公共施設もあるとなおよい。

駅から 徒歩10分以内に

車がなくても便利なように、最寄りの駅から徒歩10分以内の場所を選ぶ。複数の路線が通っている駅や、いくつかの駅が徒歩圏内にあるとよい。

【 そのほかのポイント 】

Point 1 40戸以上の大きな マンションにする

戸数が少ないと、管理費と修繕積立金が十分に積み立てられていないおそれがあり、金額も高くなりやすい。戸数が多いと十分に貯蓄され、管理も安定する。

Point 2 1981年以降に 建てられた物件にする

建物を新築するときの耐震基準が1981年6月に新しくなった。これ以降に建築されたものは、新しい基準を満たしているため地震に強い。

戸建てはファミリーが 住むことを前提に探す

戸建ては基本的にファミリーが住むことになります。子どもがいても住みやすい物件を選びましょう。

戸建ては、ファミリー向けの間取り、地域かどうかが大切です。徒歩圏内に小学校があるとよいでしょう。また、駐車場があることも大切です。

3～4人で 住むことができる 物件が目安です

車を移動手段にするなら、駅からの距離は関係ありませんか？

スーパーなどが近くにあり、買い物がしやすい地域で駐車場があれば、あまり考慮はしません。広さがほしいので、間取りは2階建てで建物面積が60㎡以上ある物件にします。また、和室よりも洋室が多い物件を選びましょう。

近所にボロボロの空き家を見かけます。古い物件を買ってもいいんですか？

空き家
人が住んでいない家のこと（→P64）。一般的には戸建てをさすことが多い。

あまりにもボロボロの物件だと、リフォーム費用が高く、利回りが低くなります。空室期間が1年以内の物件にしましょう。利回りは、物件価格にリフォーム費用を足して、表面利回り（→P44）で13%以上を目指します。

ファミリーが住みやすい地域かどうか

徒歩圏内に小学校がある

徒歩10分以内に小学校がある地域を選ぶ。また、自転車で10分以内に中学校があるとなおよい。

ショッピングモールなど商業施設が近い

車で10分以内に買い物ができる商業施設があると住みやすい。駐車場がない場合は、徒歩10分以内にスーパーなどがある場所を選ぶ。

駐車場がある

徒歩圏内に駅やスーパーがある地域でもあったほうがよい。敷地内に2台分の駐車場があるとよい。

【 リフォーム費用をかけすぎないために 】

- リフォームにかける**費用を決める**
- リフォームする**場所を決める**
- リフォームの**見積もりを取る**

水回りの状態は
必ず確認しましょう

安く物件を買っても、リフォーム費用が高くなると利益にならない。物件を選ぶときには、リフォーム費用にいくらまでかけてよいか決めておこう。特に、トイレやお風呂などの水回りはリフォーム費用が高くなるので、状態を確認する。くみ取り式のトイレとバランスがまの浴槽がある物件は避ける。

アパートのポイントは 運営のしやすさ

アパートは戸数が多いので、購入後に手間がかからない物件を選びましょう。

アパートの場合、単身者向けのものとファミリー向けのものがあります。空室になりにくく、**購入後の運営が楽なので、ファミリー向けのものがおすすめです。**

ファミリー向けということは、探すときのポイントは戸建てと同じですか？

アパートでは、玄関のすぐそばにキッチンがある間取りは避け、和室がない物件を選びましょう。接道状況も確認します。地域などのポイントは戸建てと同じです。また、アパートはローンを組むことが多いので、都市計画区域や用途地域、建ぺい率と容積率も確認して、ローンが組みやすい物件を選びましょう。

アパートの場合は、利回りが12％以上のものを選ぶんですよね！

表面利回り（→P44）で12％以上を目指します。また、現状（→P48）も確認して、なるべく空室が少ない物件を選びましょう。

接道状況

敷地が道路に接している状況のこと。接する道路の方角や幅を示す。道幅4m以上の公道がよい。

都市計画区域

都市計画法の区域区分のうち、都市として整備や開発、保全が必要な地域のこと。

用途地域

都市計画法の地域区分で、建築物の用途などによって13種類に分けられる。

建ぺい率

「建築面積÷敷地面積×100」で求める。地域ごとに制限が違い、それを超えて建築すると違法になる。

容積率

「延床面積÷敷地面積×100」で求める。建ぺい率と同じく、地域ごとの制限を超えて建築すると違法になる。

運営が楽なのはファミリー向け

単身者向け
＝
入退去が多い

単身者向けは、学生や転勤のある会社員が多く、退去するまでの期間が決まっている人も多い。入退去が多いと、リフォームや入居者募集に費用と手間がかかってしまう。

ファミリー向け
＝
入退去が少ない

子どものいる家庭向けの場合、学校が変わることを避けるため、学校に通っている間は退去しないことが多い。入退去が少ないと管理が楽で、収入が安定する。

アパートを選ぶときのポイント

 Point 1 ハウスメーカーの ものを選ぶ

パナソニックホームズなどハウスメーカーの建物はつくりがしっかりしているので、築20年を超えていても安心。

 Point 2 戸数は 6戸くらいが目安

戸数が少ないと空室リスクが高い。戸数が多いと収入が安定するので、ローンの審査も通りやすい。

 Point 3 空室が 少ない物件

空室が多いと、せっかくのオーナーチェンジ物件でも購入後に費用と手間がかかる。また、入居者が決まりにくい間取りや地域の可能性もある。ローン審査に落ちるケースも多い。

 Point 4 ローンを組みやすい 物件にする

都市計画区域が「非線引き区域」「市街化調整区域」の場合、ローンを組むことができない。同様に建ぺい率と容積率がオーバーしている場合も避ける。

戸建てと同様に、ファミリーが
住みやすい地域を選びます（→P53）。
駅やスーパーまで距離がある場合は、
1戸につき1台以上駐車場がある
物件にしましょう

不動産仲介会社は
元付け業者を選ぶ

不動産仲介会社の中でも元付け業者が販売している物件を選ぶことで、売買取引がスムーズになります。

不動産仲介会社には元付け業者と客付け業者があります。物件を探すときには、その物件を取り扱う不動産仲介会社が元付けなのかどうかも確認しましょう。

元付けかどうかが、不動産投資に関係あるんですか？

不動産仲介会社が元付け業者であれば、交渉がとても有利になります。元付け業者とやり取りするほうが情報を早く入手できるうえ、希望の価格で買いやすくなります。

元付け業者かどうかは、どうやってわかるんですか？

販売図面を確認してみましょう。取引態様（→P48）の欄が専任媒介になっていれば、元付け業者ということになります。「不動産ジャパン」というサイトで調べることもできます（→右ページ）。また、住所が都心で免許証番号が1の会社は客付け業者の場合が多いです。

元付け業者
不動産売買において、売主から直接物件を預かっている会社。

客付け業者
不動産売買において、買主から依頼を受けて物件を紹介する会社。元付け業者に許可を得て、不動産の広告を出し、買い手を探したりする。

専任媒介
媒介の1つ。売主がほかの不動産仲介会社に、重ねて仲介を依頼しないという条件がある。

免許証番号
宅地建物取引業を行う免許を受けたときに割り振られる番号（宅地建物取引業免許番号）。国土交通大臣か都道府県知事から交付される。

元付け業者から買うと取引がスムーズ

客付け業者から買う場合

手数料　手数料

仲介
元付け ＝ 客付け

売主　売りの仲介　　買いの仲介　買主

元付け業者が売主、客付け業者が買主を仲介する。業者間のやり取りがあるので、情報の伝達に時間がかかる。また、買主と売主がそれぞれの業者に仲介手数料を支払う（片手取引）。

元付け業者から買う場合

手数料　手数料が2倍！　手数料

元付け

売主　　　　買主

仲介業者が減って取引がスムーズに！

売主と買主の間に元付け業者しかいないので、情報の伝達が早く、取引がスムーズ。また、元付け業者は売主と買主の両方から仲介手数料を得ることができる（両手取引）。そのため、取引も優先されやすい。

【 元付け業者のみを扱うサイト 】

不動産ジャパン

公益財団法人不動産流通推進センターが管理・運営する総合不動産情報サイト。元付け業者の物件を扱う。

❶ 物件の種類を選ぶ

❷ 地域を絞って物件を調べる

❸ 「専任媒介」だから元付け業者

NG物件 ①

入居者が決まりにくい物件には理由がある

入居者が決まりにくい物件は利益になりません。入居者が嫌がる物件の特徴を知りましょう。

 物件には、選んではいけないNG物件があります。

 どんな物件がNGなんですか？

 事故物件や近くに嫌悪施設がある物件は避けるようにしましょう。心理的に嫌がる人が多く、入居者が決まりにくい傾向にあります。**物件の種類や地域に関わらず避けたい事項です。**

 自分が住むことを考えても、避けたいですね……。

 ほかにも、**入居者が決まりづらい間取り**ではないか、設備の不足がないかを確認しましょう。

 間取りは区分マンション、戸建て、アパートごとに見てきたポイントですね！

 その通りです。また、**空室の場合は、物件の賃貸が成り立つ地域かどうかも大切**です。

事故物件

一般的には、物件の中で入居者が亡くなった物件のこと。原因には、大きく分けて「自殺」「他殺」「自然死」がある。事故物件と定義するかどうかは不動産仲介会社が判断する。事故物件の場合、賃貸では不動産仲介会社におおむね3年間の告知義務がある（売買では期限なし）。ただし、自然死の場合は原則として告知義務はない。

嫌悪施設

人が心理的に嫌だと感じる施設。詳しくは右ページ。

入居者が嫌がる物件の特徴

事故物件

販売図面の備考欄に「告知事項あり」「心理的瑕疵あり」とあると事故物件。不動産仲介会社に事故の内容を確認し、他殺だった場合は特に避ける。3年以上経っていたり、隣の部屋や隣の物件が事故物件だったりする場合は、告知義務がないので調べて確認する。

調べ方
- 不動産仲介会社に聞く
- 「大島てる物件公示サイト」で調べる
⇩

事故物件の場所や事故の内容がわかる。ただし、一般の投稿を集めているだけなので、参考程度に。

嫌悪施設が近い

心理的に印象がよくない施設や、災害時などに危険が及ぶ施設が近くにあると、入居者が決まりづらい。ネットのマップを活用して、購入したい物件の近くの施設を調べよう。また、物件を購入する前の現地調査でも確認する（→P170）。

嫌悪施設の例
- お墓
- 火葬場
- 下水処理場
- 事故物件
- 高圧線鉄塔
- ゴミ焼却炉
- ゴミ屋敷

など

入居者を決めやすくする物件選びのポイント

Point 1
物件の間取り・設備に競争力があるか

必須の設備
- エアコン
- 追い焚き機能付きのバスタブ*
- 温水洗浄便座
- テレビモニターインターホン
- 洗濯機置き場

専有面積は狭すぎないことが重要。単身者向けでは18㎡以下、ファミリー向けでは60㎡以下は避ける。築年数が古いほど、床が絨毯だったり、洗濯機置き場がなかったりと現代のニーズに合っていない可能性がある。設備が整っていると入居者が決まりやすい。特に、単身者向けでは重要。
※ファミリー向けの物件の場合のみ

Point 2
賃貸が成り立つ地域なのか

不動産投資ブームで賃貸物件がたくさん建ってしまった地域や、駅や都心があまりにも遠く不便な場所は避ける。

NG 物件 ②

災害リスクの高い 物件&地域は避ける

日本は災害大国です。ハザードマップなどを確認して、災害リスクが高い場所は避けましょう。

物件を選ぶとき、災害リスクが高い物件は避けるようにしましょう。災害リスクは、きちんと調べることで回避できます。

災害で建物が壊れたら大変ですね……。災害というと、地震でしょうか？

水害などもあります。特に、土砂災害の可能性がある地域は、避けるようにしてください。ネットで全国のハザードマップを調べることができます。

ハザードマップで紫色や赤色の地域は災害時の被害が大きいということですが、買ってはいけない地域なんですか？

災害リスクが高い地域は避けたほうがよいでしょう。少しでもリスクがある場合、過去の災害履歴や災害対策をしているかどうか、確認することが大切です。

災害リスクがある地域の物件は、購入するかどうかを慎重に検討する必要があるんですね。

災害リスク
自然災害によって建物が損傷したり崩壊したりするリスクのこと。

ハザードマップ
自然災害が発生したときに想定される被害を地図上に記載したもの。

紫色や赤色の地域
災害の被害があると予想されている場所には色が付く。被害が大きい順に紫、赤、黄色で表示される。

災害リスクの調べ方

☑ ハザードマップ ポータルサイトで調べる

国土交通省が運営する。災害の種類や地域ごとにハザードマップを見ることができる。

① 物件のある場所を表示する

住所、現在地、地図のいずれかから検索

ハザードマップポータルサイト

使い方　よくある質問　利用規約ほか〜

身のまわりの災害リスクを調べる
重ねるハザードマップ

住所から探す
住所を入力することで、その地点の災害リスクを調べることができます

例 茨城県つくば市吾妻1丁目○番地 🔍

現在地から探す
◉ 現在地から探す

新機能（災害リスク情報のテキスト表示）について

地図から探す

② ハザードマップを確認

「災害リスク情報」から「災害種別」を選んで表示

災害の種類を選んで、被害予想を確認できる。被害がある地域には色が付き、被害が大きいほど色が濃く表示される。「重ねるハザードマップ」では複数の災害の被害予想を1つのマップで確認できる。

☑ 役所へ行って聞く

災害の被害が心配される地域の場合、物件がある市区町村の役所に行って、左のことを確認する。

今までの災害履歴

ハザードマップで災害リスクがある地域でも、過去に実際に被災した履歴がなければ、購入を検討しても大丈夫。

災害対策をしているかどうか

災害対策をしていれば、災害リスクは減る。災害履歴があったとしても、そのあとに行政が対策をしていれば問題ない。

**災害リスクが高い場合は、
対策されていても避けた
ほうがよいでしょう**

現地調査ができるなら遠くの地域で買ってもOK

実際に物件を探しはじめるとわかるのですが、よい物件はなかなか見つかりません。そんなときは、地域を広げて探してみましょう。初心者だからといって、遠くの物件を購入してはいけない、ということはありません。不動産投資において、物件探しで大切なのは利回りです。

どんな物件でも購入の前には、必ず現地へ調査に行きます（→P108）。実際に現地で物件の状態や周りの環境、賃貸付けの難易度を確認するこ

とで、失敗のリスクを下げることができます。遠くの物件を検討している場合もそれは同じです。

物件の種類や状態によって現地に行く回数は異なります。あまりにも遠くの物件を買うと、交通費がかさみ、手間にもなるので、注意しましょう。

また、遠くの物件を選ぶときは、特に物件の管理をまかせる会社選びも大切です。信頼できる会社を選びましょう（→P136）。

【 北海道から九州まで 日本各地で大家さんになれる！ 】

よい物件で、現地調査へ行けるなら、どこにどれだけ物件を買ってもよい。地方の物件は安いものが多いので、物件数を増やしやすい。なかには、日本各地へ物件を買ってまわる人も。

【 現地に行く回数の目安 】

区分マンション

1回で
OK

賃貸が成り立つ地域なら
どこでもOK！

管理をおまかせするので、購入後の手間がない。
そのため、オーナーチェンジ物件の場合は1度
現地へ行くことができればよい。ただ、都心の
区分マンションは利回りが低いことが多いので
注意。

5〜6回
ほど行く

戸建て

自宅から1時間30分以内で
行けるところに

戸建ては基本的に空室物件なので、現地調査だ
けでなくリフォームで何度か現地へ行くことに
なる。そのため、自宅からあまり離れていない
ところがよい。

アパート

1〜2回で
OK

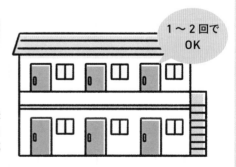

よい物件なら
どこでもOK！

オーナーチェンジ物件になるので、購入後
の手間がなく、現地には1〜2回行ければよ
い。ファミリー向けのアパートであれば、郊
外にも多いので、検討してみよう。

現地へ行ったときの
ポイントは、108ページで
紹介します！

リフォームが成功のカギ

利回りを高くするには 空き家が狙い目!?

【 空き家はきれいにすれば利益になる！ 】

どうしたらいいか
わからない……

所有者

相続後の 空き家が多い

空き家のほとんどは、相続したもの。所有者がどうしたらいいかわからずに困っていて、ほったらかしていることが多い。

きれいに
するぞ！

手放せるなら
安く売ります！

所有者

安く買いやすい！ きれいにすれば利益になる

少しでもお金になるなら手放したい、という所有者が多く、価格を交渉して安く買いやすい。リフォームできれいにすれば、空き家も利益になる。

空き家問題と不動産投資の関係

　人口の減少や高齢化にともなって、近年、空き家が増え続け、問題となっています。空き家のまま放置していると、建物の崩壊のおそれや犯罪の危険があります。しかし、空き家が問題になっているのは、放置されているからです。一方で、不動産投資の物件は足りていません。空き家をうまく活用できれば、不動産投資で利益を出すことはできます。

空き家を
放置していることが
問題なのです

【 費用をおさえられれば高利回りに！ 】

例

安く戸建てを
購入できたAさん

購入金額 …………………… **100万円**
リフォーム費用 ………… **50万円**
貸出賃料 ………………… **62,000円**

➡ 利回り **49.6%**

$$\left(\frac{62,000円 \times 12か月}{100万円 + 50万円}\right) \times 100$$

相続後に放置されていた物件を購入したAさん。売主は遠方に住んでいるため、はやく手放したいとのことで、180万円で売りに出していたが、リフォーム費用が掛かることを伝えて100万円までの値下げに成功。その後、簡単なリフォームして貸し出すことに。安く購入することができたので、49.6%と高い利回りを実現できた。

空き家を買うときのポイント

Point 1

購入希望価格を 安くして安く買う

購入の希望価格を伝えるときに売り出している価格よりも、安い価格にすることで、安く購入することができる。購入希望価格は、不動産の価値や収益性から決める（→P110）。

Point 2

空室の期間は 1年以内に

1年以上空室だった物件は、水道の配管が破損している可能性があり、高額のリフォーム費用がかかるので避ける。また、壁や屋根がないなどボロボロの物件は、安く購入できるとしても、リフォーム費用も時間もかかるのでやめておく。

空き家専用サイト

空家(そらいえ)ベースで調べよう

日本全国の空き家を掲載するサイト。なかには100円で売りに出ている物件も。きちんと現地まで行って、物件の状態を確認することが大切。

サブリース物件という
選択もある

投資用の物件には、サブリース物件というものがあります。メリットとデメリットを知ってから購入を検討しましょう。

サブリースって聞いたことがあるんですが、どういうものですか？

サブリース物件を購入することですね。不動産仲介会社が貸主から借りた物件を一般の入居者に貸し出します。

その場合、借主は入居者ではなくて、不動産仲介会社ということですか？

その通りです。不動産仲介会社が借主なので、借地借家法の保護対象になります。そのため、1度サブリースで契約すると解約しづらくなってしまいます。また、一方的に解約されるおそれもあります。

サブリースを解約できないと何かよくないことがあるんですか？

サブリース物件は、家賃収入が引かれてしまうので、利回りが低くなってしまいます。そのため、サブリースの契約がついていると売りづらいので、あまりおすすめはできません。

サブリース
不動産を借りた人が、第三者に貸し出すこと。

借地借家法
不動産の賃貸借契約の借主を保護するための法律。契約において貸主のほうが優位にたちやすいため、借主が住居に困らないように制定されている。

**購入は
慎重に検討
しましょう**

サブリースは不動産のまた貸し

貸す　　　　　　　　貸す
　　　　　　　　　（サブリース）

| 投資家 | 賃料（家賃収入の80〜90%） | 不動産仲介会社 | 家賃収入 | 入居者 |

投資家から、不動産仲介会社が不動産をまるごと借り上げ、それを入居者に貸し出す。借り上げの賃料は家賃収入の80〜90%が一般的。これをサブリース契約といい、サブリース物件を購入すると締結される。

空室の期間も家賃収入が入る

不動産仲介会社が一括で借り上げるので、入居者がいない間も賃料が支払われる。ただし、退去後、リフォームの間は支払われない。

収入が減る、売りにくい

自分で貸し出したときの家賃収入よりも収入が減少し、利回りが低くなる。そのためサブリースがついている物件は売りにくく、売るときは解約が必要。

サブリース物件を
検討するときは、
必ず解約可の物件に
してください。
解約できない物件はもめごと
が多くなります

探し方

物件探しは
スマホ1つでできる！

物件探しには、ネット検索が便利です。すぐに、たくさんの物件情報を知ることができます。

さっそく、投資する物件を探したくなってきました！　どうやって探せばいいですか？

ネットで探しましょう。不動産投資専用のサイトや不動産仲介会社のサイト、ハウスメーカーのサイトなどがあります。好きな条件で絞って、物件を探すことができます。

不動産仲介会社へ行かなくても、物件を探せるんですね！

もちろん、実際に不動産仲介会社へ行って探すこともできます。でも、いろいろな物件を探したり、比較したりするにはネットが便利です。

今までのポイントをおさえて、探せばいいんですね。わくわくしてきました！

よい物件を見つけたら、資料の請求をしてください。第3章からは、シミュレーションをしていきます。

もちろん
PCからも
検索できます

資料の請求
気になる物件があれば、不動産を取り扱う仲介会社に資料を請求しよう。各サイトのメールや電話、お問い合わせフォームから請求できる。

シミュレーション
不動産を購入したあとの利益を数字で予測、判断すること。

物件探しにおすすめのサイト

専用サイト

投資用の不動産を掲載しているサイト。物件数が多くて探しやすい。不動産投資について学ぶにも便利。

楽待（らくまち）

投資用の不動産を扱う国内最大のサイト。さまざまな条件で不動産を検索できる。不動産投資のセミナーなども開催している。

健美家（けんびや）

楽待と同じく、投資用の不動産を扱うサイト。会員登録をすると、会員限定の物件情報を見ることができる。

アットホーム投資

マイホームや賃貸物件も扱うアットホームが運営するサイト。元付け業者の物件が多い。事業用や倉庫を検索することもできる。

不動産仲介会社やハウスメーカーのホームページ

自社のホームページにしか投資用物件の情報を載せていないこともある。掘り出し物が見つかる可能性も。

三井のリハウス

大手不動産会社。サイトでは、地域ごとに不動産を検索できる。利回りが高いものを選ぶようにしよう。

SUMU-SITE

ハウスメーカーの積水ハウスが運営するサイト。積水ハウスの賃貸物件「シャーメゾン」などを取り扱っている。

ノムコム・プロ

野村不動産が運営する不動産情報サイト。会員登録をすると、メールマガジンで新着物件の情報が届く。

よい物件を見つけたら、
各ページのお問い合わせから
資料を請求してみましょう

知って
トクする！

ネットで条件を絞って
物件を探してみよう

［例 楽待（→P69）］

① 検索ページを開く

右のQRコードか、検索エンジンで「楽待」と
入力して、物件の検索ページを開く。

②「物件を探す」を
タップ

ここを
タップ

物件の検索以外にも、不動産情報を載
せた新聞やコラムなどを見ることがで
きる。

③「検索条件を変更」を
タップ

ここを
タップ

よい物件を簡単に見つけるために、条
件を設定して検索しよう。

④ 好きな条件を設定する
（空欄があっても先に進める）

情報が公開された期間を選択できる。

自分の投資資金に合わせて入力。

表面利回りで区分マンションなら14〜15％以上、戸建てなら13％以上、アパートなら12％にする。

スクロールすると

物件の種類を選ぶ

スクロールすると

物件の種類別に条件にしたい間取りを選ぶ

スクロールすると

駅までの距離

希望があれば入力する

⑤ 検索結果から
気になる物件を選ぶ

もし、気になる物件がないときは条件を
変える。物件の種類を変えてもよい。

⑥ 物件のページで
情報を確認

**物件の
詳細**

販売図面に載っているような情報を確
認できる。情報量は物件による。

⑦ 取り扱う不動産仲介会社の
情報もわかる

不動産仲介会社について、検索し
てみてもよい。大手の不動産仲介
会社なのか、地元に強い不動産会
社なのかなどがわかる。

**気になったら
資料を請求する**

不動産仲介会社に連絡を取って資
料を請求する。資料を請求するに
は、「楽待」の会員登録が必要。
メールアドレスとパスワードを設
定するだけで、会員登録は無料で
できる。

⑧ 物件の資料や周辺地域について確認する

物件の資料を確認

- 間取りや設備
（→ P49、59）
- 建物の構造
（→ P46）
- 元付け業者かどうか
（→ P56）
- 事故物件ではないか
（→ P58）

など

記載があればチェック

資料（販売図面）

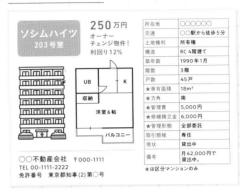

ソシムハイツ 203号室

250万円
オーナーチェンジ物件！利回り12%

所在地	○○○○○○
交通	○○駅から徒歩5分
土地権利	所有権
構造	RC 4階建て
築年数	1990年1月
階数	3階
戸数	45戸
★専有面積	18m²
★方角	南
★管理費	5,000円
★修繕積立金	6,000円
★管理形態	全部委託
取引態様	専任
現状	貸出中
備考	月42,000円で貸出中。

★は区分マンションのみ

○○不動産会社　〒000-1111
TEL 00-1111-2222
免許番号　東京都知事(2)第○号

資料を請求すると、物件の販売図面が楽待のメッセージ機能からPDFデータで届く。会社によっては、不動産仲介会社の情報やほかの物件の情報が一緒に届くことも。

周辺地域の確認

⑨ よい物件ならシミュレーションをする（→第3章）

区分マンション
単身者向けか
（→ P50）

戸建て・アパート
ファミリー向けか
（→ P52）

嫌悪施設はないか
（→ P58）

災害リスクは高くないか
（→ P60）

周辺にある施設などについては、ネットのマップを使って確認する。また、災害リスクはハザードマップで確認する。

Q よい物件が
なかなか見つかりません。

A 条件を変えながら、
あきらめずに探し続けましょう。

物件を探してみると、よい物件が見つからないという場合もあるでしょう。実際、1か月で見つかる場合もあれば、5年かかっても見つからず、不動産投資をはじめられない場合もあります。また、よい物件を見つけても、すぐに売れてしまい、購入できないこともあります。

しかし、よい物件が見つからないからといって、適当に物件を選んだり、妥協して物件を買ったりすることはやめましょう。

よい物件を見つけるには、毎日コツコツと根気よく探すことが大切です。特に区分マンションは、売買されるスピードが速く「昨日見つけたのに、今日確認したら売れている」ということもあります。よいと思ったら同じマンションのなかで売り出しがないか、定点観察しておくのがおすすめです。戸建ての場合は「古家ありの土地」として売っていることもあるので、土地で検索してみるのも1つの手です。アパートの場合は、地元の不動産仲介会社などを中心に、探すサイトを増やしてみましょう。

また、物件の種類や探す地域、予算などの条件を見直してみるとよいでしょう。

どうしても迷うときには不動産投資のプロに相談する方法もあります（→P132）。

利益が出るか シミュレーション しよう

物件を選んだら、シミュレーションシートを使って、購入後の利益をシミュレーションしましょう。

失敗しないために
必ず行うように
しましょう

購入前に

シミュレーションで
リスクを減らす

不動産のさまざまな情報をもとに、シミュレーションをして購入後の利益について考えます。

よい物件を見つけたら、購入する前に必ずシミュレーションをしましょう。

シミュレーションって一体、何をするんですか？

不動産投資は投資金額が大きく、ローンを組むこともあるので、一歩間違えば大きな失敗につながります。そのため、シミュレーションで買ってもよい不動産かどうか、具体的な数字を予測して考えていきます。

なるほど。具体的にどんなことがわかるんですか？

経費やローンの返済額、税金などを引いたあとにどれくらいの収入になるのか、減価償却が終わると収入はどう変わるのかがわかります。また、いつ売却するとどれくらいの利益になるのかなども確認することができます。結果はすぐに確認できるので、購入前には必ずシミュレーションをしてくださいね。

**具体的な
利益が数字で
わかります**

減価償却
不動産を取得したときに、建物部分の価格を分割し、毎年の経費として計上する計算方法のこと。

シミュレーションでわかること

利益になる不動産か

☑ 毎月いくら手元に残るのか
（→P99）

☑ 税引き後の利益はいくらか
（→P100）

☑ いつ売るといくらもうかるか
（→P101）

シミュレーションをすることで、実際に不動産を購入したあと、どれくらいの利益が得られるのかがわかる。

安心できる不動産か

☑ いくらまで融資を
受けられるか

☑ 金利は何％まで
上がっても大丈夫か
（→P97）

自己資金は何年後に回収できるのかわかる。また、金利の％によって毎月の返済額がどのように変わるのかを想定する。

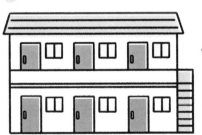

シミュレーションシート（→P94）

期間	利率	借入金残高（期末）
契約時	2.00%	9,000,000
1年目	2.00%	8,719,016
2年目	2.00%	8,432,41
3年目	2.00%	8,140,
年目	2.00%	7,8
	2.00%	

失敗を防ぐために
必ず行う

不動産投資で失敗する人のほとんどは、シミュレーションをせずに購入してしまう。税引き後本当に利益になる不動産なのかをすぐに判断することができるので、必ずシミュレーションをしよう。

利回りどおりの収入になるとは限らない

シミュレーションでは、経費だけでなく、収入が減ったときも想定しておきましょう。

 不動産投資の収入には、どんなものが含まれるかわかりますか？

 家賃ですね！ 販売図面から、利回りや年間の収入を確認できました。

 家賃のほかにも、駐車場などがあればその収入も含まれます。ただ、収入は一定とはかぎりません。

 入居者に退去されたら、収入は減ってしまいますよね……。

 そうですね。家賃の変動率によっても、収入は変化します。

 でも、誰がいつ出て行ってしまうかなんて、わからないですよね……？

 だからこそ、シミュレーションをするのです。空室率や変動率、費用などによって収入が減ることを想定し、そのうえで利益になる物件なのかを見ていきましょう。

収入が
減ったときのことも
考えましょう

変動率
家賃が減少、上昇したことによる収入の変動のこと。

空室率
全戸数に対する空室の割合。空室率が高いと収入が減る。反対に、全戸数に対して入居している戸数の割合を入居率という。

収入が減ることも考えてシミュレーションをする

不動産収入

> **不動産収入に含むもの**
> 家賃　共益費　駐車場代
> 太陽光の売電収入など（→P103）

ローンの返済額	運用中の費用（→P82）	税引き前キャッシュフロー

ローンの返済額	運用中の費用	税引き前キャッシュフロー	

不動産によって得られる収入から経費、銀行への返済額を引いた金額を税引き前キャッシュフローという。実際に毎月手元に残る収入がわかる。シミュレーションでは、空室や家賃の変化による収入の変動も想定する。また、この金額から税金が差し引かれる（→P92）。

収入が減ることもある

空室になったとき

例 8戸のうち2戸が空室のとき

$$\frac{空室数\ 2戸}{全戸数\ 8戸} \times 100 = 25\%$$

→ **空室率25%**

満室のときの収入から25%減る。

家賃が減ったとき

例 家賃が5万円から48,000円になったとき

$$\frac{新しい家賃\ 48{,}000円}{もとの家賃\ 50{,}000円} \times 100 - 100 = -4\%$$

→ **変動率－4%**

もとの家賃収入から4%減る。

不動産の購入にかかる
費用も考える

不動産を購入するときは、不動産の売買代金以外にも支払うものがあります。

不動産を買うときには、いろいろな費用がかかります。その費用も考えてシミュレーションをしましょう。

不動産仲介会社に支払う仲介手数料はかかりますよね。

そのほかにも、不動産ならではの費用がかかります。固定資産税などの税金や、不動産を登記するための費用などです。

購入するときの費用は、不動産の価格以外にいくらくらい必要なんですか？

購入時の費用は、不動産価格の7～10％くらいかかると考えましょう。不動産取得税のみ、あとから支払います。

費用は削減できないんですか？

基本的に購入にかかる費用を削減することはできません。不動産仲介会社に嫌われてしまうので、仲介手数料を下げようと交渉するのもやめておきましょう。

仲介手数料
不動産仲介会社を通じて
不動産を購入した場合に、
不動産仲介会社に支払う
お金のこと。

登記
第三者に対して不動産の
権利を示すためのもの。
登記の内容は登記簿謄本
などに記載され、所有者
が誰なのか、どの金融機
関からいくらお金を借り
て不動産を所有している
かなどがわかる。

購入にかかる費用は主に6つ

①仲介手数料

売買が成立したときに、不動産仲介会社に支払う手数料。上限額が法律で決められている。200万円以下の物件の場合は物件価格の5％、200万円から400万円の場合は、物件価格の4％＋2万円、400万円を超える場合は物件価格の3％＋6万円とされている（消費税別）。

②印紙代

不動産の契約時に契約書や領収書などに貼り付ける。金額は契約の代金によって異なる（→P185）。

④固定資産税

毎年1月1日に不動産を所有している人に対して、市区町村が課す税金のこと。購入日から日割りで計算して税金を支払うことになる。市区町村によっては、都市計画税もかかる。

支払いは約半年〜1年後

⑥不動産取得税

不動産を取得したことによる税金。各都道府県に1度納税する。約半年〜1年後に納税通知書が届いたら支払う。

③火災保険料

火災などによって、不動産が損傷を受けたときのための保険料。保険会社によって、また、保険がカバーする内容によって金額は異なる。不動産取得時に一定期間分の料金を支払う。

⑤不動産の登記費用

不動産を登記するための費用として、不動産登録免許税という税金がかかる。また、不動産登記をしてもらう司法書士に対して、不動産登記手数料を支払う。

空室の場合は、
リフォーム費用が
かかる場合も
あります

運用中にかかる費用も知っておこう

不動産を運用している間は、定期的にかかる費用と不定期にかかる費用があります。

不動産投資をしている間は、どんなことに費用がかかるんですか？

大きく分けて、建物の修繕にかかる費用と入居者が退去したときにかかる費用、税金、そして保険料です。

運用中の費用は全部で、どれくらいかかるんですか？

物件の築年数や状態によって、家賃収入の10〜30％と開きがあります。新しい物件ほど、建物の修繕にかかる費用は安くなります。シミュレーションでは、1年間の家賃収入の15％（木造と軽量鉄骨の場合*）が毎年かかると考えます。

運用中の費用は、削減できるものでしょうか？

火災保険料とPMフィーは削減することができます。また、物件のリフォーム費用や修繕費は、内容や業者によって異なるので、工夫次第で削減できます。

＊運用中にかかる費用は構造によっても変化する。木造と軽量鉄骨は15％、重量鉄骨は20％、鉄筋コンクリートは25％としてシミュレーションする。シミュレーションシートでは、入力した構造に合わせて自動で数値が変わる。

PMフィー
PMはプロパティーマネジメントの略。賃貸物件の管理にかかる費用のことで、不動産を管理する会社に対して支払う。

毎年・毎月かかる費用

 固定資産税

毎年1月1日現在の所有者が市区町村に対して支払う税金。

 火災保険料

1年契約で毎年更新していく場合と長期契約する場合がある。長期契約のほうが総支払い額は安い。

 PMフィー

不動産を管理する会社に支払う管理料。入居者募集条件の設定や販売図面の作成、入居者の管理、入退去時の手続きなどを行う。業者によって費用は異なるが、家賃の3〜5%が相場。

 住民税・所得税

不動産によって得た収入と、本業によって得た収入のうち、課税対象となる金額について住民税と所得税がかかる（→P93）。住民税は一律10％、所得税は所得によって税率が異なる。

〈区分マンションの場合〉

 ＋管理費

エレベーターの点検や共用部分の清掃など、マンションを管理するための費用。

 ＋修繕積立金

外壁の塗装や屋根の防水工事など建物を長期的に維持するためにかかる費用。

区分マンションは管理が楽なぶん、費用がかかります

【 不定期にかかる費用 】

〈退去時〉
- リフォーム費用
- AD（→ P142） など

入居者が退居したときは、次の入居者を募集するために部屋の清掃や修理、設備の交換などを行う。また入居者を募集するためにADという費用がかかることも。

〈修理が必要なとき〉
- 修繕費
- 大規模修繕費（屋根や外壁の修繕）

入居中にトイレが壊れるなど、設備の故障があったときは修繕費がかかる。また、建物を保つために10〜15年に1度、大規模な修繕も必要。

準備①

シミュレーションは簡単にできる！

エクセルシートを使えば、シミュレーションはすぐに、簡単に行うことができます。

 シミュレーションの準備をはじめましょう。エクセルのシートを右のQRコードからダウンロードしてください。

 エクセルをあまり使ったことがないんですが、大丈夫でしょうか……。

 大丈夫です！　エクセルに必要な情報を入力すると、すべて自動で計算されます。シミュレーションでは、出てきた数字を確認していくだけです。

 それならできそうです！　シミュレーションにはどんな情報が必要なんですか？

 ほとんどの情報は、販売図面に載っています。相続税路線価のみ、自分で調べてくださいね。また、融資を受ける場合は融資条件も必要です。

 準備するものも少ないんですね！

 すぐできるので、気になった物件はシミュレーションするといいでしょう。

※シミュレーションシートはここからダウンロード！

相続税路線価
土地についている4つの価格のうちの1つ（→P89）。相続税などを求めるときに、土地の評価の基準となる価格のこと。

融資条件
ローンを組むときの条件のこと。融資金額、融資期間、金利などがある。

準備するもの

① シミュレーションシート

解説動画は
ここから！

シミュレーションに使うエクセルのデータ。物件価格など必要な情報を入力すると、自動で収入や費用、ローンの返済額などをシミュレーションすることができる。右のQRコードから解説動画もダウンロードできる。

※動画撮影時と本書のシミュレーションシートでは、
シミュレーションする物件の条件が異なる。

② 販売図面

不動産についての情報や年間の賃料についての情報がわかる（→P48）。不動産仲介会社からもらう。

区分マンション

〈必要な情報〉
- 物件価格
- 構造
- 築年数
- 年間収入

戸建て・アパート

〈必要な情報〉
- 物件価格
- 土地面積
- 延床面積
- 構造
- 築年数
- 年間収入

【 そのほかに必要になるもの 】

〈戸建て・アパートのとき〉

＋相続税路線価

相続税などを計算するときの基本となる価格で、全国の市街地のほとんどの道路に価格がついている。相続税路線価から、その道路に面する不動産の価格を求めることができる。

相続税路線価の
調べ方は86ページで
紹介します

〈ローンを組むとき〉

＋どんな条件にするか

融資金額と融資期間、金利を決める。融資条件は、年齢や職業によって異なるので想定でよい。

〈空室でリフォームが必要なとき〉

＋リフォーム費用はいくらかかるか

物件価格にプラスしてシミュレーションをする。想定の金額もしくは予算の金額で考える。

土地の4つの価格の1つ

相続税路線価をネットで
調べよう

【 全国地価マップを調べよう 】

① 全国地価マップを開く

全国の相続税路線価を調べることができ
るサイト。そのほか、固定資産税路線価、
土地の公示価格なども確認できる。

② 「相続税路線価等」を
タップ

ホームページのうち相続税路線価等の部
分をタップ。

③ 最新の
マップを選ぶ

過去のマップを表示できるが、最新のも
のを選ぶ。

④ 利用規約に同意

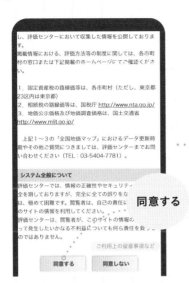

利用上の注意が表示されるので、確認後同意をする。

⑤ 物件の場所を表示する

どちらか
好きなほうから
物件を表示

住所を入力するか、公共施設や交通機関など目標の施設を指定して物件の場所を表示する。

⑥ 物件がある土地の相続税路線価をチェック

この道路の相続税路線価

430 D …… 気にしなくてOK！

借地権割合を示す記号。地域や場所によって、A〜Gの表示があるが不動産投資には関係しない。

1㎡あたりの
土地の価格
（単位は千円）

地図上に青色の矢印で示されるのが、相続税路線価が設定されている道路。矢印の上の数字が価格をあらわす。相続税路線価に土地の面積をかけると、土地の評価額が求められる。相続税路線価は地域によって変化し、都心のほうが高い。

【 不動産ごとの相続税路線価の見方 】

[例] 東京都足立区千住旭町の相続税路線価]

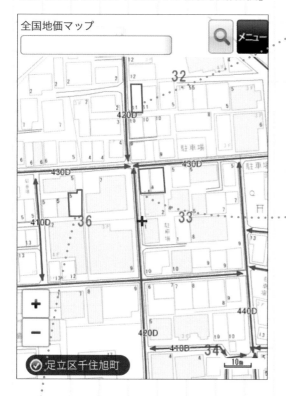

パターン 1

相続税路線価がある道路に面する物件

面する道路の相続税路線価を採用！
（420 × 1000（円／㎡））

物件が道路に面している場合は、面している道路の相続税路線価を採用する。

パターン 2

2つの相続税路線価がある道路に面する物件

高いほうの相続税路線価を採用！
（430 × 1000（円／㎡））

物件が2つの相続税路線価に面している場合、相続税路線価が高いほうを採用する。

パターン 3

相続税路線価がある道路に面していない物件

周りの相続税路線価から10％低くする
（430 × 0.9 × 1000（円／㎡））

物件が相続税路線価に面していない場合、最も近い相続税路線価から、10％低いものとして計算する。

物件がある位置によって、
どの相続税路線価を
採用するのかが変わります

【 土地の形によって土地の価格は変わる 】

角地（かどち）

5%UP

道路

2つの方向の道路に面した土地のこと。相続税路線価が5%ほど高くなる。

二方路地（にほうろち）

3%UP

正面と背面で2つの道路に面した土地のこと。相続税路線価は3%ほど高くなる。

三方路地（さんぼうろち）

7%UP

3面が道路に面している土地のこと。相続税路線価は7%ほど高くなる。

路地状敷地（ろじじょうしきち）（旗竿地（はたざおち））

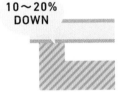

10〜20%
DOWN

敷地内にある通路（路地）によって道路に面している土地。相続税路線価が10〜20%低くなる。

4つの土地の価格の関係

ほかの価格の適正価格がわかる

約110%

時価

不動産を実際に売買するときの価格。ただし、110%はあくまでも目安。地域によって変化する。

100%

公示価格

毎年1月1日付で国土交通省が算出した価格。

80%

相続税路線価

国税庁が発表する相続税などの基準となる価格。いつでもわかる。

70%

固定資産税

市区町村が定める固定資産税などの基準となる価格。

土地（更地）には4つの価格がついている（一物四価（いちぶつよんか）の法則）。4つの価格は上のグラフの関係にある。基準となるのは公示価格だが、相続税路線価はいつでもすぐに調べることができる。相続税路線価がない道路は「固定資産税路線価÷0.7×0.8」でも求めることができる。固定資産税路線価も相続税路線価と同様に「全国地価マップ」でわかる。

準備② ローンを組むかどうか
考えよう

不動産のローンは高額です。ローンを組むときは、失敗しない
ために3つのポイントに注意しましょう。

よい物件を見つけたんですが、高くて現金では購入できそうにないんです……。

そんなときは、ローンを組んで購入することも検討してみましょう。

はじめての不動産投資でも、ローンを組んで購入して大丈夫でしょうか？

大丈夫です！　購入後に持ち出しにならないよう、しっかりとシミュレーションをすることが大切です。

どのようにシミュレーションするとよいのでしょうか？

いろいろな状況を想定しましょう。たとえば、自己資金10％、金利3％、融資期間25年でシミュレーションをしたあと、自己資金を20％にしたり金利を5％にしたりと、異なる状況で利益がどう変化するのか確認します。そうすると、自己資金や物件の利回りがいくらあるとよいかなど、具体的な条件が見えてきます。

ローン
ここでは、不動産投資用のローンのこと。主に「アパートローン」と「プロパーローン」の2つがある（→P166）。自己資金なしで利用することもできるが、初心者は注意が必要（→右ページ）。

持ち出し
収入よりも支出が多いときに、支出を補うために自己資金から負担するお金のこと。

注意しながら
ローンをうまく
活用しましょう

ローンで失敗しないためのポイント

Point 1
自己資金を物件価格の10〜30％用意する

自己資金が多いと、不動産で得られる収入に対してローン返済額が少なくなるので、手元に残るお金が増える。空室が一時的に増えても、マイナスにならない。

Point 2
利回りが高い物件を選ぶ

毎月ローンを返済しても、きちんと利益が残る物件を選ぶ。利回りが高い物件であれば、もし金利など融資条件が変化しても安心できる。

Point 3
返済額が増えても利益が出るか考える

ローンの金利は変動することがある（→P167）。そのため、金利が上がったときにも利益があるか、どのくらい上がっても赤字にならないか目安を知っておく。

フルローンやオーバーローンは失敗のもと

自己資金なしですべてローンで購入する「フルローン」や物件の購入代金だけでなく、購入時にかかった費用をすべてローンでまかなう「オーバーローン」は銀行への返済が滞ったり、最悪の場合破産することも。初心者はたとえシミュレーションで問題がなかったとしても、必ず自己資金を用意しよう。

【 投資用のローンと住宅ローンは違う 】

〈投資用のローン〉
- 金利が高い
- 不動産投資の収入から返済する
- 審査が厳しい

〈住宅ローン〉
- 金利が低い
- 収入から返済する
- 審査が緩い

住宅ローンは、比較的融資の審査が緩く金利も低い。しかし、自宅を購入するためのローンなので、投資用の不動産を購入することはできない。投資用不動産を購入するには、投資用のローンを組む必要がある（→P166）。

購入の決め手

シミュレーションでは4つのことに注目する

シミュレーションでは、さまざまな数字を確認しますが、購入の決め手は4つです。

 シミュレーションで不動産を購入するかどうか、どうやって判断するんですか？

 シミュレーションでは、さまざまな数字を確認しますが、購入の決め手は4つです。まずは、**税引き前キャッシュフロー**を確認し、1億円に対して300万円以上あれば、利益になる不動産といえます。

 不動産の価格に関係なく、1億円に対して見るんですか？

 そうです。次に、税引き前キャッシュフローの金額と個人の**課税給与所得**と合わせたあとの**税引き後キャッシュフロー**の金額が十分かを確認します。ローンを組む場合は、**返済比率**が50％以内であるかどうかも確認してくださいね。

 税引き後の利益が大事ということですね！でも、なんだか難しそうです……。

 すべて自動計算なので安心してください！まずはやってみましょう！

税引き前キャッシュフロー
不動産によって得られる収入から経費やローン返済額を引いた金額。シミュレーションでは、空室率と家賃の変動率も考慮して求める。

課税給与所得
額面の所得金額から、社会保険料などの所得控除を差し引いた金額のこと。税金がかかる所得部分。

税引き後キャッシュフロー
不動産収入や本業など、すべての所得に対する税金を引いたあとの手残りの金額。

返済比率
年間の家賃収入に対する銀行への返済額の割合のこと。「ローン返済額÷不動産収入」で求める。

どんな不動産も決め手は同じ

① 税引き前キャッシュフローが
1億円に対して
300万円以上ある

税引き前キャッシュフローを物件価格で割ったものをキャッシュフロー利回りという。300万円以上だと税引き前キャッシュフローが物件価格に対して3%以上あるということになり、利益が多い不動産といえる。

$$\frac{\boxed{\text{税引き前}\\ \text{キャッシュフロー}}}{\boxed{\text{物件価格}}÷1億円} ≧ 300万円$$

---

② 税引き前キャッシュフローの
金額に満足できるかどうか

毎月手元に残る金額なので、足りないと思えば利回りのよい不動産を探すか、融資条件を変える。

$$\boxed{\text{不動産収入}}$$
$$-\boxed{\text{経費}}-\boxed{\text{ローン返済額}}$$
$$=\text{税引き前キャッシュフロー}$$

---

③ 税引き後キャッシュフローの
金額に満足できるかどうか

不動産と本業の課税所得を足した金額に所得税と住民税がかかる。税引き後の金額で、最終的に不動産投資によってどのくらいの利益があったのかがわかる。自分の目標に合わせて、この金額に満足できるか確認する。足りないと思えば、もっと利回りのよい不動産を探す。

$$\boxed{\text{税引き前}\\ \text{キャッシュフロー}}+\boxed{\text{課税}\\ \text{給与所得}}$$

税金
$$-\{(\text{本業の課税給与所得}\\ +\text{不動産の課税所得})\\ ×\text{税率}-\text{控除額}\}$$

$$=\text{税引き後キャッシュフロー}$$

---

④ 返済比率が50%以内

不動産収入に対してローンの返済額が少なければ、収入が手元に残る。一般的には、50%以内であれば安全で、70%を超えると返済が滞る危険があるとされる。

返済比率
$$\frac{\text{ローン返済額}}{\text{不動産収入}}×100 ≦ 50\%$$

エクセルシートで簡単！

実際にシミュレーションをして購入を決めよう

[例] 中古アパート

- 木造 ● 築10年
- 土地面積 150㎡ ● 延床面積 110㎡
- 相続税路線価 6万円／㎡
- 物件価格 1,000万円
- 融資条件
  自己資金100万円　融資期間25年
  金利2%
- 年間収入
  100万円
  （表面利回り10%）

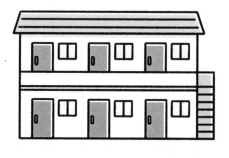

この中古アパートについて
シミュレーションします。
シートをダウンロードして
くださいね（→P84）

【 シミュレーションシートの全体図 】

①基本情報
（→P95）

②土地と建物の
情報（→P96）

⑥売却のシミュレーション
（→P101）

③融資の状況
（→P97）

④税引き前のキャッシュ
フロー（→P98）

⑤税引き後のキャッシュ
フロー（→P100）

① 基本情報を入力しよう

赤字部分に記入します
そのほかの部分は
すべて自動計算です！

〈条件（P94 Ⓐの部分）〉

購入時点		2021/12/1
物件価格		10,000,000
手数料等	7%	700,000
購入総額		10,700,000
融資金額	90%	9,000,000
金利		2.00%
融資期間		25
不動産収入（購入時）		1,000,000
自己資金		1,700,000
自己資金回収時期		2025/12/1
「土地価格>残債」時期		2022/12/1

購入時の費用は7%で想定する（→P80）

融資条件について想定で入力する（→P90）

融資金額の割合、金利、融資期間を想定で入力する。返済比率やキャッシュフローの変化などを確認しながら、いくつかのパターンでシミュレーションする。

実際にかかる費用

物件価格に購入時の手数料などがプラスされた費用。空室でリフォームをするなら、その費用もかかることを忘れずに。

自己資金を回収できる時期

インカムゲインとキャピタルゲインの合計額で、自己資金をいつ回収できるのかがわかる。

次に物件を買うときに融資を受けやすくなる時期

ローンの残りの金額（残債）が土地の価格よりも小さくなると、資産のほうが大きくなる。そのため、銀行から融資を受けやすくなる。

② 土地と建物の情報を入力しよう

〈土地・建物比率を求めるための計算（P94 **B** の部分）〉

建物単価（円/㎡）	W	150,000
延床面積（㎡）		**110**
建物価格		16,500,000
築年数考慮後	(53%)	10,125,000
路線価		**60,000**
土地面積（㎡）		**150**
土地価格	(47%)	9,000,000
建物価格＋土地価格		19,125,000
建物：積算価格		9,000,000
土地＋建物：積算価格		18,000,000

構造ごとに違う
（→P46）

販売図面からわかる
（区分マンションの場合は不要）

ネットで調べて記入
（→P86）
（区分マンションの場合は不要）

販売図面からわかる
（区分マンションの場合は不要）

不動産の買付価格を
決めるときに使う（→P110）

不動産の価値を示す価格。不動産の売買価格と比較することで、その価格が適正かどうか判断することができる。

〈物件価格×土地・建物比率（P94 **C** の部分）〉

土地価格	(47%)	4,700,000
建物価格	(53%)	5,300,000
建物価格＋土地価格		10,000,000
・構造		**W**
・法定耐用年数		22
・築年数（経過年数）		**10**
・残存耐用年数		12
・減価償却残存期間		14
・買ったときの利回り		10.00%
・売るときの利回り		**11.00%**

比率がわかる

不動産の販売価格のうち土地と建物の価格の比率がわかる。

区分マンションの
場合ここに入力

構造を入力
（→P46）

築年数を入力

買ったときの利回りに1〜2%
プラスした利回りを記入

売却するときの利回り。買ったときの表面利回りに1〜2%プラスした利回りを入力しておく。

③ 融資状況について確認する

（P94 Ⓓの部分）

負債比率を確認
└── 自己資金に対するローンの割合

期間	利率	借入金残高（期末）	LTV*（負債比率）	返済額 元利返済額	うち元本返済分	うち利息返済分
契約時	2.00%	9,000,000	90.0%	–	–	–
1年目	2.00%	8,719,016	87.2%	460,984	280,984	180,000
2年目	2.00%	8,432,412	84.3%	460,984	286,604	174,380
3年目	2.00%	8,140,077	81.4%	460,984	292,336	168,648
4年目	2.00%	7,841,894	78.4%	460,984	298,182	162,802
5年目	2.00%	7,537,748	75.4%	460,984	304,146	156,838

記入した融資期間まで続く

自己資金が10%以上なら90%以内になる

（P94 Ⓔの部分）

年間の返済額

返済比率が50%以内＝安全（→P92）

不動産収入	(変動率)	(空室率)	不動産支出	(経費率)		不動産収支(1)	元利返済額	返済比率	税引前CF	(月額)	1億円に対するCF（300万円以上が目標）
1,000,000	–	–	150,000	15.00%		850,000	–	–	–	–	–
1,000,000	0.00%	5.00%	150,000	15.00%		800,000	460,984	46.1%	339,016	28,251	3,390,161
1,000,000	0.00%	5.00%	150,000	15.00%		800,000	460,984	46.1%	339,016	28,251	3,390,161
1,000,000	0.00%	5.00%	150,000	15.00%		800,000	460,984	46.1%	339,016	28,251	3,390,161
1,000,000	0.00%	5.00%	150,000	15.00%		800,000	460,984	46.1%	339,016	28,251	3,390,161
1,000,000	0.00%	5.00%	150,000	15.00%		800,000	460,984	46.1%	339,016	28,251	3,390,161
1,000,000	0.00%	5.00%	150,000	15.00%		800,000	460,984	46.1%	339,016	28,251	3,390,161
1,000,000	0.00%	5.00%	150,000	15.00%		800,000	460,984	46.1%	339,016	28,251	3,390,161
1,000,000	0.00%	5.00%	150,000	15.00%		800,000	460,984	46.1%	339,016	28,251	3,390,161
1,000,000	0.00%	5.00%	150,000	15.00%		800,000	460,984	46.1%	339,016	28,251	3,390,161
970,000	-3.00%	5.00%	160,050	16.50%		761,450	460,984	47.5%	300,466	25,039	3,004,661
970,000	0.00%	5.00%	160,050	16.50%		761,450	460,984	47.5%	300,466	25,039	3,004,661
970,000	0.00%	5.00%	160,050	16.50%		761,450	460,984	47.5%	300,466	25,039	3,004,661
970,000	0.00%	5.00%	160,050	16.50%		761,450	460,984	47.5%	300,466	25,039	3,004,661
970,000	0.00%	5.00%	160,050	16.50%		761,450	460,984	47.5%	300,466	25,039	3,004,661

融資条件はいくつかのパターンでシミュレーションしましょう

融資条件は、年齢や収入によって変わります。詳細な融資条件は、ローンの本審査に通るまでわからないので、いくつかのパターンでシミュレーションしておくようにしましょう。

④ 税引前のキャッシュフローを確認

（P94 Ｅの部分）

家賃や共益費、駐車場代など1年間に得られる収入。ここでは、販売図面からわかる購入時の収入で満室想定にする。

家賃の変動率（→P78）

空室があるかどうか（→P78）

収入に対する費用（経費率）の金額

運用中の費用（構造による）（→P82）

記入した融資期間まで表示される

	不動産収入	（変動率）	（空室率）	不動産支出	（経費率）
契約年	1,000,000	–	–	150,000	**15.00%**
1年目	1,000,000	0.00%	**5.00%**	150,000	15.00%
	1,000,000	0.00%	**5.00%**	150,000	15.00%
	1,000,000	0.00%	**5.00%**	150,000	15.00%
	1,000,000	0.00%	**5.00%**	150,000	15.00%
5年目	1,000,000	**0.00%**	**5.00%**	150,000	15.00%
	1,000,000	0.00%	**5.00%**	150,000	15.00%
	1,000,000	0.00%	**5.00%**	150,000	15.00%
	1,000,000	0.00%	**5.00%**	150,000	15.00%
10年目	1,000,000	0.00%	**5.00%**	150,000	15.00%
	970,000	**-3.00%**	**5.00%**	160,050	**16.50%**
	970,000	0.00%	**5.00%**	160,050	16.50%
	970,000	0.00%	**5.00%**	160,050	16.50%
	970,000	0.00%	**5.00%**	160,050	16.50%
15年目	970,000	0.00%	**5.00%**	160,050	16.50%

例

11年目に家賃が3％減ると想定

建物が古くなるので、11年目に家賃が3％減少する想定。一般的な数字として変動率は-3％を採用している。物件の状況に応じて変更する。

例

空室率は年間5％で想定

季節によっては入退去が多く、一時的に空室率が20％ほどになることもあるが、1年間の空室率を考えると5％が一般的。

例

11年目以降に経費が増えると想定

建物が古くなると、設備の交換が発生するため費用が増える。どの構造でも11年目に1.5％増えると想定している。

決め手の1つ「1億円に
対するキャッシュフロー」は
大丈夫ですね！（→ P92）

不動産収入から
変動率・空室率・
経費率を引いた金額

融資状況
（→P90）

税引き前キャッシュ
フローの月額

不動産収支(1)	元利返済額	返済比率	税引前CF	(月額)	1億円に対するCF（300万円以上が目標）
850,000	–	–	–	–	
800,000	460,984	46.1%	339,016	28,251	3,390,161
800,000	460,984	46.1%	339,016	28,251	3,390,161
800,000	460,984	46.1%	339,016	28,251	3,390,161
800,000	460,984	46.1%	339,016	28,251	3,390,161
800,000	460,984	46.1%	339,016	28,251	3,390,161
800,000	460,984	46.1%	339,016	28,251	3,390,161
800,000	460,984	46.1%	339,016	28,251	3,390,161
800,000	460,984	46.1%	339,016	28,251	3,390,161
800,000	460,984	46.1%	339,016	28,251	3,390,161
800,000	460,984	46.1%	339,016	28,251	3,390,161
761,450	460,984	47.5%	300,466	25,039	3,004,661
761,450	460,984	47.5%	300,466	25,039	3,004,661
761,450	460,984	47.5%	300,466	25,039	3,004,661
761,450	460,984	47.5%	300,466	25,039	3,004,661
761,450	460,984	47.5%	300,466	25,039	3,004,661

300万円
以上なら
OK
（→P92）

ずっと
300万円
以上

太字部分は変更できます。
"悲観シナリオ"も考えてみましょう

保守的に考える場合は、空室率を10%
にしたり、変動率を-5%にしたりして
シミュレーションをしてみましょう。

⑤ 税引き後のキャッシュフローを確認

（P94 Ｆの部分）

期間	課税所得（不動産収支 - 金利 - 減価償却費）					
当初	金利(2)	土地金利	うち経費算入不可能額(3)	暫定課税所得	減価償却(4)	課税所得(1)-(2)+(3)-(4)
1年目	180,000	84,706	0	241,429	378,571	241,429
2年目	174,380	82,061	0	247,049	378,571	247,049
3年目	168,648	79,364	0	252,781	378,571	252,781
4年目	162,802	76,612	0	258,627	378,571	258,627
5年目	156,838	73,806	0	264,591	378,571	264,591
6年目	150,755	70,944	0	270,674	378,571	270,674
7年目	144,550	68,024	0	276,879	378,571	276,879
8年目	138,222	65,046	0	283,207	378,571	283,207
9年目	131,766	62,008	0	289,663	378,571	289,663
10年目	125,182	58,909	0	296,247	378,571	296,247
11年目	118,466	55,749	0	264,413	378,571	264,413
12年目	111,616	52,525	0	271,263	378,571	271,263
13年目	104,628	49,237	0	278,251	378,571	278,251
14年目	97,501	45,883	0	285,378	378,571	285,378
15年目	90,232	42,462	0	671,218	0	671,218

不動産収入のうち所得税・住民税の対象になる金額

課税所得が急増

減価償却がゼロになると、経費として計上できなくなり、課税所得が増える。その分税金が増え、税引き後キャッシュフローが大幅に減る。

返済額が減って金利も減る　　15年目でゼロになる

（P94 Ｇの部分）

税引き後キャッシュフローに満足できるかチェック（→P92）

	課税給与所得	① 課税不動産所得+課税給与所得	② 所得税+住民税率（右の表を参照）	③ 課税所得×税率=（①×②=）	④ 控除額（右の表を参照）	⑤ 税額（③-④）	手残り（税引き前CF+給与所得-⑤）	給与所得のみにかかる所得税+住民税の税率（列ABの税率）	課税給与所得×税率	給与所得の控除額（右の表を参照）	給与所得税額	税引き後給与所得	不動産投資によって増えた金額
1年目	5,000,000	5,241,429	30%	1,572,429	427,500	1,144,929	4,194,087	30%	1,500,000	427,500	1,072,500	3,927,500	266,587
2年目	5,000,000	5,247,049	30%	1,574,115	427,500	1,146,615	4,192,401	30%	1,500,000	427,500	1,072,500	3,927,500	264,901
3年目	5,000,000	5,252,781	30%	1,575,834	427,500	1,148,334	4,190,682	30%	1,500,000	427,500	1,072,500	3,927,500	263,182
4年目	5,000,000	5,258,627	30%	1,577,588	427,500	1,150,088	4,188,928	30%	1,500,000	427,500	1,072,500	3,927,500	261,428
5年目	5,000,000	5,264,591	30%	1,579,377	427,500	1,151,877	4,187,139	30%	1,500,000	427,500	1,072,500	3,927,500	259,639
6年目	5,000,000	5,270,674	30%	1,581,202	427,500	1,153,702	4,185,314	30%	1,500,000	427,500	1,072,500	3,927,500	257,814
7年目	5,000,000	5,276,879	30%	1,583,064	427,500	1,155,564	4,183,452	30%	1,500,000	427,500	1,072,500	3,927,500	255,952
8年目	5,000,000	5,283,207	30%	1,584,962	427,500	1,157,462	4,181,554	30%	1,500,000	427,500	1,072,500	3,927,500	254,054
9年目	5,000,000	5,289,663	30%	1,586,899	427,500	1,159,399	4,179,617	30%	1,500,000	427,500	1,072,500	3,927,500	252,117
10年目	5,000,000	5,296,247	30%	1,588,874	427,500	1,161,374	4,177,642	30%	1,500,000	427,500	1,072,500	3,927,500	250,142
11年目	5,000,000	5,264,413	30%	1,579,324	427,500	1,151,824	4,148,642	30%	1,500,000	427,500	1,072,500	3,927,500	221,142
12年目	5,000,000	5,271,263	30%	1,581,379	427,500	1,153,879	4,146,587	30%	1,500,000	427,500	1,072,500	3,927,500	219,087
13年目	5,000,000	5,278,251	30%	1,583,475	427,500	1,155,975	4,144,491	30%	1,500,000	427,500	1,072,500	3,927,500	216,991
14年目	5,000,000	5,285,378	30%	1,585,613	427,500	1,158,113	4,142,353	30%	1,500,000	427,500	1,072,500	3,927,500	214,853
15年目	5,000,000	5,671,218	30%	1,701,366	427,500	1,273,866	4,026,601	30%	1,500,000	427,500	1,072,500	3,927,500	99,101

本業の課税給与所得を入力　　税金が増えて税引き後キャッシュフローが減る

※青字部分にあたる表はシミュレーションシート内で確認できる。

⑥ いつ売ると有利かも見ておく

〈売却シミュレーション（P94 Ⓗの部分）〉

			1	2	3	4	5
			2022/12/1	2023/12/1	2024/12/1	2025/12/1	2026/12/1
A	売却金額		9,100,000	9,100,000	9,100,000	9,100,000	9,100,000
B	残債		8,719,016	8,432,412	8,140,077	7,841,894	7,537,748
C	取得費(簿価)		9,621,429	9,242,858	8,864,287	8,485,716	8,107,145
D	譲渡費用	仲介手数料(3%+6万円)	333,000	333,000	333,000	333,000	333,000
		抵当権等抹消費用	20,000	20,000	20,000	20,000	20,000
		売買契約書 印紙代	5,000	5,000	5,000	5,000	5,000
		違約金0%	0	0	0	0	0
		TOTAL（譲渡所得計算用：除違約金）	358,000	358,000	358,000	358,000	358,000
		TOTAL	358,000	358,000	358,000	358,000	358,000
A-(C+D)	譲渡所得(A-C-D)		− 879,429	− 500,858	− 122,287	256,284	634,855
	税金	短期39.63%	0	0	0	101,565	251,593
		長期20.315%	−	−	−	−	−
			0	0	0	101,565	251,593
キャピタル	(A-B-D-税金)		22,984	309,588	601,923	798,540	952,659
	インカム合計(税引き後)		266,587	531,489	794,671	1,056,098	1,315,737
	インカム＋キャピタル		289,571	841,076	1,396,594	1,854,639	2,268,396
	自己資金控除後の利益		− 1,410,429	− 858,924	− 303,406	(154,639)	568,396

買った価格を回収できるか

税引き後キャッシュフローとキャピタルゲイン（→P32）から、不動産を購入したときの自己資金を引いた金額。家賃収入を使わない場合を想定。

4年目以降はいつ売ってもずっとプラス！

6	7	8	9	⑩	11	12
2027/12/1	2028/12/1	2029/12/1	2030/12/1	2031/12/1	2032/12/1	2033/12/1
9,100,000	9,100,000	9,100,000	9,100,000	9,100,000	8,800,000	8,800,000
7,227,519	6,911,086	6,588,323	6,259,106	5,923,304	5,580,786	5,231,418
7,728,574	7,350,003	6,971,432	6,592,861	6,214,290	5,835,719	5,457,148
333,000	333,000	333,000	333,000	333,000	324,000	324,000
20,000	20,000	20,000	20,000	20,000	20,000	20,000
5,000	5,000	5,000	5,000	5,000	5,000	5,000
0	0	0	0	0	0	0
358,000	358,000	358,000	358,000	358,000	349,000	349,000
358,000	358,000	358,000	358,000	358,000	349,000	349,000
1,013,426	1,391,997	1,770,568	2,149,139	2,527,710	2,615,281	2,993,852
−	−	−	−	−	−	−
205,877	282,784	359,691	436,598	513,504	531,294	608,201
205,877	282,784	359,691	436,598	513,504	531,294	608,201
1,308,603	1,548,130	1,793,986	2,046,296	2,305,192	2,338,919	2,611,381
1,573,551	1,829,503	2,083,557	2,335,675	2,585,817	2,806,959	3,026,046
2,882,154	3,377,634	3,877,543	4,381,971	4,891,008	5,145,878	5,637,427
1,182,154	1,677,634	2,177,543	2,681,971	3,191,008	3,445,878	3,937,427

大規模修繕の前の年の利益をチェック

4年目に自己資金を回収したあとは、いつ売っても利益になり、利益は年々大きくなる。大規模修繕の前の年の利益で十分だと思えば、売却時期として検討する。

ここまで確認して問題がなければいよいよ現地調査へ！
しっかりシミュレーションをして、失敗を防ぎましょう！

収入を増やして利回りを高くした実例に学ぶ

もともと利回りが高い不動産を探すことが大切ですが、その利回りをより高くする方法が3つあります。

1つは、物件を安く購入することです。希望すれば、売り出し価格よりも安く購入できる場合があります（→P110）。次に、運用中の費用をおさえる方法があります。管理やリフォームは、複数の業者に見積もりを取って比較しましょう（→第5章）。3つ目は、収入を増やす方法です。不動産を業者に貸し出したり、家賃以外の収入源を追加したりすることで、収入を増やすこともできます。

Case 1 リフォームして戸建てを民泊にチェンジ！

Before

After

家賃収入
115,000円

↓

65,000円 UP

↓

180,000円に！

オーナーチェンジで購入した物件を入居者が退去してから、内装をおしゃれにリフォーム。都心の駅から近く、小さな戸建てだったため、民泊に向いていると考えて民泊業者に貸し出したことで、収入を大幅に増やすことができた。

Case 2 高齢者専用の住宅として業者に貸し出す

家賃収入
80,000円

20,000円 UP

100,000円 に！

物件を高齢者専用の住宅を運営する業者に貸し出すことに。その地域の賃料相場よりも高く貸し出すことができた。地域によっては、バリアフリーにするときにリフォーム費用の助成金を申請できることもある。

Point 1 専門の業者に貸し出す

民泊などを自分で運営するには、その方法を学ぶ必要があり、働きながら運営するのは難しい。専門の業者に貸し出すことで、楽に賃料を上げることができる。

Point 2 一般向けに貸しても成り立つ物件で考える

一般向けではない賃貸は、景気などの影響を受けやすい。利回りの低い物件でも民泊にすれば賃料が増えるから大丈夫、と考えるのは危険。一般向けに貸し出しても十分利益になるものを選ぼう。

【 家賃以外で収入を増やすこともできる 】

自動販売機

敷地内に自動販売機とゴミ箱を設置し、売り上げ本数に応じて収入を得る。設置は無料でできる場合が多い。ただし、自動販売機会社への手数料と電気代がかかる。

看板・電柱

敷地内に電柱があるときは、電柱を管理する会社からお金をもらう。収入は年間で1,500円程度。看板は大きさ、立地によって収入が異なる。相場は年間で数万円程度。

太陽光パネル

太陽光パネルで発電した電気を電力会社に売って収入を得る。太陽光パネルのある物件を買うか、買った物件に設置する。メンテナンスや設備の交換に費用がかかる。

Q

不動産は財産になるから、
赤字でもよいと聞いたのですが……。

A

本当に財産になるのか、シミュレーション
してから購入を検討しましょう。

「はじめは赤字でも、ローンの返済が終われば、不動産が財産になるから大丈夫」という営業トークには要注意です。利益にならない不動産を持ち続けても、ローンの返済が滞れば、財産にはなりません。残念ながら不動産業界には、メリットだけを伝えて不動産を売ろうとする業者もいます。デメリットやリスクを検討せずに購入すると、大きな借金を背負うリスクがあり危険です。

しっかりとシミュレーションをすれば、利益が出る不動産なのかすぐに確認できます。よい不動産かどうかは、必ず数字で確認しましょう。

また、「無料セミナー」で紹介された物件をその場で購入してしまい、失敗する人もいます。参加すること自体は勉強になるのでよいことです。どんなときもシミュレーションをしてから購入しましょう。

注意したいフレーズ

フルローンを組んでも、ローンが
終われば財産になりますよ！

オーバーローンで買えば、
物件は実質無料ですよ！

節税効果があるので、不動産
投資は赤字でも大丈夫ですよ！

第 4 章

不動産購入の 流れを知ろう

不動産を購入する前の最終確認から、契約を結んで引き渡しを受けるまでの流れを解説します。

不動産が
自分のものになるまで
約 2 ～ 3 か月かかります

不動産を購入するときの流れを知ろう

不動産を購入するにはいくつかの手順をふみます。まずはここでざっと流れを把握しておきましょう。

シミュレーションが終わったら、不動産を購入するんですか？

購入の前に、現地へ行って実際に不動産を見たり業者ヒアリングをしたり、書類や条件を確認したりします。買って大丈夫な不動産なのか、契約する内容に間違いはないかなどを再度確認してから、購入に進みましょう。

大きな買い物だし、購入前の確認は大切ですね！

すべての確認を終えたら、不動産仲介会社を通じて売買契約を結びます。そのあと決済をして、引き渡しを受けると不動産が自分のものになります。

不動産の購入って、とても時間がかかるイメージです。マイホームを買った友人が大変だったと言っていました……。

そうですね。法的な手続きが必要なので、引き渡しまでは3か月間ほどかかります。

売買契約
売主が買主に不動産の権利を移転することと、買主が売主にその代金を支払うことを約束する契約。契約を結ぶと、法律上の義務と権利として、売主には権利移転の義務と支払い請求の権利が、買主には支払いの義務と権利移転請求の権利がうまれる。

決済
売買契約で示した不動産の価格や仲介手数料、登記費用などの諸費用をすべて支払うこと。

引き渡し
所有権を移転して、不動産を自由に使ったり、処分したりできるようになること。

不動産を手にするまでの道のり

❶
現地へ行って確認する
業者ヒアリングをする
物件の周りの環境や土地と建物の状態を確かめる。（→P108）

❷
購入価格を
決める
不動産の３つの価格から購入金額を決める。（→P110）

ローンを組むとき
＋ローンの申し込み&事前審査
（→P164）

❸
買付の申し込み
不動産仲介会社に書類を提出して、購入の意思を売主に伝える。（→P118）

❹
契約書類の確認
売買契約の内容について、間違いなどがないか確認する。（→P122）

❺
売買契約を
結ぶ
契約の内容に問題がなければ、契約書に署名、押印して契約する。（→P126）

不動産が
自分のものに！

❻
決済の準備をする
手続きのための準備と、不動産を手に入れたあとの運営のための準備をする。（→P128）

❼
決済・引き渡し
必要な費用をすべて支払い、手続きをすませて不動産の権利をもらう。（→P130）

第5章へ！
（→P133）

ローンを組むとき
＋本審査&金銭消費貸借契約
（→P186）

購入前に現地へ行って不動産を確認する

購入前に、必ず現地へ行きましょう。実際の物件の状態や周りの環境などを確認します。

 シミュレーションが終わったら、現地へ行って不動産を確認します。不動産仲介会社に連絡して日にちを決めましょう。

 ネットのマップを使って確認するだけではだめですか？

 実際に行ってみないとわからないこともあります。必ず現地へ行って、自分の目で確かめましょう。

 どんなことを確認するんですか？

 住みやすい地域か、トラブルが起こりにくいか、建物や土地の状態、道路付けなどを確認します。空室であれば、内見して部屋のなかの状態も確認しましょう。

 それは現地へ行かないとわからないですね！

 また、近くの賃貸仲介会社へ行って、業者ヒアリングもしましょう。わからないことなどを聞いてみるとよいです。

詳しい確認方法は
第6章で
紹介します

トラブル
災害や隣人とのもめごと、犯罪などが起こりにくい地域を選ぼう。近所を歩いて、周りに住んでいる人たちや治安などを確認する（→P170）。

賃貸仲介会社
不動産の貸主と借主を仲介する会社。不動産仲介会社も同様の業務を行うが、賃貸仲介に特化した会社もある。

現地でやることは大きく2つ

①自分の目で見て確かめる

☑ 周りの環境

交通、買い物の便利さ、周辺施設の騒音などについて確認する（→P170）。日が暮れてから歩いてみると、治安がよいかどうかわかりやすい。

☑ 建物の状態

建物の外壁や廊下などの共用部分の汚れなどをチェック（→P172）。空室であれば内見して部屋のなかの状態も確認する（→P174）。アパートや戸建ての場合は傾いていたり、床がふかふかしているときは要注意。

戸建て・アパートでは

☑ 土地の状態

接道状況や車の出入りのしやすさを確認する。また、隣の土地との境界の有無と越境も確認（→P172）。近くに急な坂や階段があると入居者が決まりにくいことも。

②業者ヒアリング

☑ 家賃の相場はいくらか
☑ どんな人が住んでいるのか
☑ 地域の空室率はどのくらいか
☑ どんな物件が人気か
☑ 入居者が決まりやすいか

ネットで調べて、物件のある「駅」で賃貸物件を多く取り扱っている会社を訪問する（→P176）。この地域で物件の購入を検討していることを伝えて、上記の情報を聞いてみよう。近くに反社会的勢力がいないかも確認し、いる場合は購入を再検討する。

価格の
きほん

不動産につく
3つの価格

不動産の価格には、積算価格と収益価格、比準価格があり、購入価格を決めるときに役立ちます。

 不動産の購入を申し込むときには、購入希望価格を決めます。購入後の利回りが何%になるのかは、不動産をいくらで購入するかに関係するので、とても大切です。

 販売価格で購入するわけじゃないんですね！

 購入希望価格はいくらにすればいいんですか？

 不動産には、積算価格、収益価格、比準価格の3つの価格があります。これらを使って、不動産の購入許容金額を求めて決めます。積算価格はシミュレーションで自動計算されます（→P96）。

 不動産の購入許容金額はどうやって求めるんですか？

 不動産投資では、利回りを重視するので、主に収益価格を基準にしながら、ほかの価格を見て補正して考えます。物件の種類によって、考え方は異なります。

積算価格
土地の積算価格に建物の積算価格を足したもの。不動産の価値をあらわす。銀行が不動産を評価するときに重視し、積算価格が高いほうが融資を受けやすい。

収益価格
不動産の利回りに注目して求める価格。

比準価格
間取りや立地などの条件が同じような不動産と比較して求める価格。

3つの価格の求め方

積算価格の求め方

 建物

再調達原価（円） － 減価額（円）

建物を新しく建てた
ときの価格。「物件の
構造ごとの1㎡あた
りの価格（→P46）×
延床面積」で求める。

建物の使用や経年劣
化によって減少した
額。「再調達原価×
築年数÷耐用年数で
求める。

＝建物の積算価格（円）

 土地

相続税路線価（円／㎡）
× 面積（㎡）＝ 土地の積算価格（円）

 建物＋
土地

＝不動産の
積算価格

不動産の
価値が
わかる！

収益価格の求め方

 建物　 お金

$$\frac{年間収入（円）}{利回り（\%）}$$

ほしい利回りで
計算する。物件
の種類や築年数、
立地によって目
安は異なる。

不動産の
収益性がわかる！

比準価格の求め方

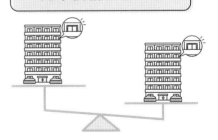

似た条件の物件の
価格を調べる

不動産価格の
適正な相場がわかる！

111

区分マンションは
「収益」と「比準」を見る

収益価格と比準価格を求めて、物件の購入許容金額から購入希望価格をいくらにするか考えます。

 物件の種類ごとに、購入希望価格の考え方は違います。区分マンションでは、収益価格と比準価格の2つを使います。

 収益価格を求めるには、利回りと年間収入が必要でしたね。それぞれどうやって求めるんですか？

 利回りは8〜10%以上とします。区分マンションは費用を計算しやすいので、実質利回り（→P44）で考えましょう。年間賃料から管理費と修繕積立金、固定資産税、火災保険料、PMフィーを差し引いたものを年間収入として計算します。

 比準価格はどうやって調べるんですか？

 マンション情報サイトで価格帯別の判定結果を調べましょう。過去の成約価格やこれまでの賃料がわかることもあります。区分マンションは、収益価格をメインに、比準価格を見ながら購入希望価格を決めていきます。販売価格から5%ほど安く購入することもあります。

マンション情報サイト
マンションの詳細情報を検索できる専門のサイト。販売情報だけでなく、物件の販売価格の適正さを診断したり口コミを見たりすることができる。

価格帯別の判定結果
販売価格の適正相場を想定し、販売価格帯ごとに、価格が割高か割安か判定される。また、「乖離率」から販売価格が適正相場からどのくらい離れているのかもわかる。

成約価格
不動産の売買が成立した価格のこと。

収益価格と比準価格のバランスで決める

例

〈不動産の情報〉
- **価格**　340万円
- **家賃**　4万円／月
- **管理費**　5,500円／月
- **修繕積立金**　4,000円／月
- **固定資産税**　2万円／年
- **火災保険料**　1万円／年
- **PMフィー**　1,900円／月

❶ 収益価格を計算しよう

年間家賃		年間費用
4万円×12か月	－	(5,500円＋4,000円＋1,900円)×12か月＋2万円＋1万円

実質利回りで8〜10％以上ほしい。

利回り
10%

≒**313万円**

❷ 比準価格を調べよう

マンションレビュー

マンション情報サイトの1つ。販売価格の適正診断や口コミだけでなく、賃料の履歴や相場なども確認できる。

住所など調べたい物件情報を入力

販売価格を判定できる！

結果

判定	価格帯	乖離率
割高	361万〜369万円	107.5〜110.0%
やや割高	344万〜361万円	102.5〜107.5%
適正相場	327万〜344万円	97.5〜102.5%
割安	310万〜327万円	92.5〜97.5%
超割安	294万〜310万円	87.5〜92.5%

狙い目！

❶ **313**万円

❷ **294**万〜**310**万円

→ **300**万円を購入希望価格にする

この例では、収益価格と比準価格から294万〜313万円が購入の許容金額になり、この金額での購入を目指す。売主から値上げを交渉される可能性があるので、価格は少し安い300万円とする。

戸建てはリフォーム費用も
含めて考える

収益価格と積算価格を使って購入許容金額を求めたあとに、リフォーム費用を引いた金額で購入を希望します。

 戸建ては収益価格と積算価格の2つから購入金額を考えていきます。

 収益価格はどう考えるんですか？

 表面利回りで13%以上として計算します。年間収入は、近くの地域で似た条件の物件を調べて家賃を想定しましょう。業者ヒアリングで賃料相場を聞いておくと役立ちます。

 積算価格を求めるには、土地と建物の価格を足すんでしたね！

 その通りです。ただ、戸建ては築年数が古く、**耐用年数を超えている**ことが多いです。この場合、理論上は建物の価値がなくなり、建物の積算価格は0円になります＊（→右ページ）。そして、求めた購入許容金額からリフォーム費用を差し引いた金額で購入を希望します。もし、残置物がある場合はその処分費用も引きます。戸建ては物件によっては販売価格の半額ほどで購入できる場合もあります。

耐用年数以内の
物件は117ページと
同様に建物の積算
価格を求めます

＊固定資産税を計算するうえでは、建物の積算価格がゼロになることはなく、耐用年数を超えていても税金はかかる。市区町村から不動産の所有者に届く「固定資産評価証明書」で土地と建物の正確な価格を確認できる。

残置物
所有者が購入したもので、引っ越すときに処分されなかった家電や家具。売主が処分する場合もある。

最後にリフォーム費用を引く

例

〈不動産の情報〉
- **価格** 600万円
- 木造
- 築30年
- **延床面積** 80㎡
- **相続税路線価** 1.8万円／㎡
- **土地面積** 150㎡
- **リフォーム費用** 50万円
- **賃料相場** 6万円

1 収益価格を求める

近くの地域で似た条件の物件の賃料を調べる。

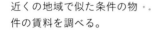

年間収入

6万円×12か月

≒ **550万円**

表面利回りで13％以上ほしい。

利回り

13％

2 積算価格を求める

〈土地〉

相続税路線価	土地面積
1.8万円／㎡	× 150㎡

Ⓐ =270万円

〈建物〉

木造の単価	延床面積
15万円／㎡	× 80㎡

Ⓑ ×0 ＝0円

再調達原価

耐用年数を超えているので、減価額を引かずに物件の価格をゼロとして計算。

Ⓐ〈土地〉 Ⓑ〈建物〉
270万円＋0円 ＝ 合計 **270万円**

1 **550万円**
2 **270万円**

リフォーム費用
50万円を考えて
480万円で希望

この例では、収益価格と積算価格から270万～550万円が購入許容金額になるが、リフォーム費用の50万円を引いた220万～500万円で購入することを目指す。収益価格を重視して価格は480万円とする。

アパートは
収益価格を重視する

アパートでは、収益価格と積算価格の2つを使って購入希望価格を考えます。

 アパートは、戸建てと同様に収益価格と積算価格を計算して、購入希望価格を考えていきます。

 収益価格の計算方法も、戸建てと同じですか？

 戸建てと同様に、表面利回りで考えます。利回りは12%以上で計算しましょう。

 年間収入は、販売図面に記載されているものでよいですか？

 そうですね。補正した収入で考えることもありますが、まずは今の家賃を使って計算しましょう。

 それぞれの価格を計算したら、バランスを見て考えるんですね！

 収益価格を妥当な金額として、積算価格は参考程度に考えるとよいでしょう。販売価格よりも10%くらい安く購入することを目指しましょう。

満室時の
収入で計算
します

補正した収入
不動産仲介会社からもらえるレントロール（家賃表）を確認して、部屋ごとに賃料が妥当かどうか考え、賃料を補正したあとの収入のこと。

収益価格と積算価格のバランスで決める

例

〈不動産の情報〉
- **価格**　3,500万円
- **木造**
- **築10年**
- **延床面積**　200㎡
- **相続税路線価**　5万円／㎡
- **土地面積**　200㎡
- **全戸数**　6戸
- **今の家賃**　5万円×6戸

1　収益価格

5万円（今の賃料）×
12か月×6（全戸数）

年間収入

360万円

利回り

12%

アパートは利回り12％以
上ほしい。表面利回りなの
で費用の計算は不要。

=3,000万円

2　積算価格

〈土地〉

相続税路線価

5万円／㎡　　×

延床面積

200㎡

=1,000万円

〈建物〉

木造の単価

15万円／㎡　　×

延床面積

200㎡

－

再調達原価

15万円／㎡×
200㎡

×

築年数

10年

÷

木造の耐用年数

22年

≒1,630万円

〈土地〉　　　　〈建物〉

1,000万円＋1,630万円＝合計**2,630万円**

1　3,000万円
2　2,630万円

収益価格を
重視して

2,900万円で
希望

この例の購入許容金額は、収益価格と積
算価格から2,630万〜3,000万円。収益
価格を重視すると、3,000万円程度が適
正価格になるが、積算価格を考慮して、
少し低い2,900万円で購入を希望する。

第4章

▼

不動産購入の流れを知ろう

買いたい物件が決まったら
書類を準備しよう

購入したい物件とその購入希望価格を決めたら、買付証明書を
書いて購入の申し込みをしましょう。

 購入する物件を決めたら、**買付証明書**を
不動産仲介会社に渡しましょう。

 いよいよ不動産を購入するんですね！

 売買契約の前段階です。このあと、買付
証明書が売主まで届き、申し込みが通れ
ば売買契約に進みます。

 買付申込書は、どうやって準備するんで
すか？

 不動産仲介会社からひな形をもらうこと
ができます。ネットで検索してダウンロ
ードしても大丈夫です。右ページにサン
プルを載せているので、見てみてくださ
いね。

 どんなことを書くんですか？

 決まった形式はありませんが、**物件の購
入希望価格**と**手付金**、購入したい時期、
ローンを組むかどうかや買付証明書の有
効期限は必須です。

買付証明書
不動産を購入したい意思
を売主に伝えるための書
類。書類に法的な決まり
や拘束力はない。

手付金
契約を結んだときに売買
代金の一部として支払う
お金のこと。売買代金の
5〜10%が一般的。

118

買付証明書の書き方の例

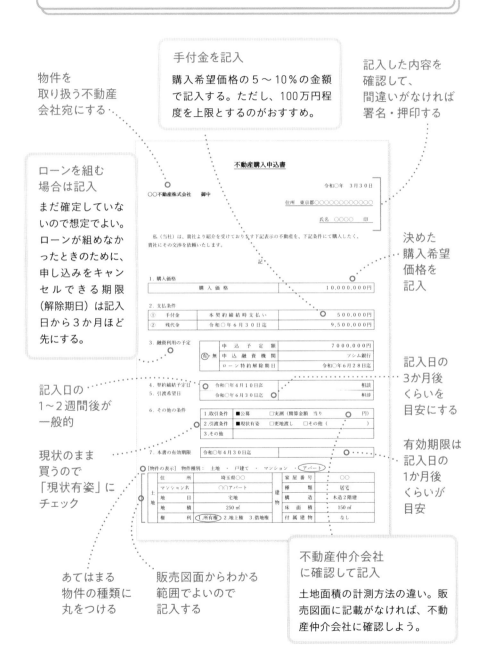

手付金を記入
購入希望価格の5～10％の金額で記入する。ただし、100万円程度を上限とするのがおすすめ。

物件を取り扱う不動産会社宛にする

記入した内容を確認して、間違いがなければ署名・押印する

ローンを組む場合は記入
まだ確定していないので想定でよい。ローンが組めなかったときのために、申し込みをキャンセルできる期限（解除期日）は記入日から3か月ほど先にする。

決めた購入希望価格を記入

記入日の1～2週間後が一般的

記入日の3か月後くらいを目安にする

現状のまま買うので「現状有姿」にチェック

有効期限は記入日の1か月後くらいが目安

あてはまる物件の種類に丸をつける

販売図面からわかる範囲でよいので記入する

不動産仲介会社に確認して記入
土地面積の計測方法の違い。販売図面に記載がなければ、不動産仲介会社に確認しよう。

不動産購入申込書

令和○年 3月30日

○○不動産株式会社　御中

住所　東京都○○○○○○○○○○○
氏名　○○○○　　印

私（当社）は、貴社より紹介を受けております下記表示の不動産を、下記条件にて購入したく、貴社にその交渉を依頼いたします。

記

1. 購入価格

購入価格	10,000,000円

2. 支払条件

①	手付金	本契約締結時支払い	500,000円
②	残代金	令和○年6月30日迄	9,500,000円

3. 融資利用の予定

	申込予定額	7000,000円
有・無	申込融資機関	ソシム銀行
	ローン特約解除期日	令和○年6月28日迄

4. 契約締結予定日　令和○年4月10日迄　　相談
5. 引渡希望日　令和○年6月30日迄　　相談

6. その他の条件

1.取引条件	■公簿	□実測（精算金額 当り）	円
2.引渡条件	■現状有姿	□更地渡し	□その他（ ）
3.その他			

7. 本書の有効期限　令和○年4月30日迄

[物件の表示]　物件種別：　土地　・　戸建て　・　マンション　・　アパート

土地	住所	埼玉県○○	建物	家屋番号	○○
	マンション名	○○アパート		種類	居宅
	地目	宅地		構造	木造2階建
	地積	250㎡		床面積	150㎡
	権利	1.所有権　2.地上権　3.借地権		付属建物	なし

119

申し込みが通りやすくなる 買付のポイント

せっかく見つけたよい不動産を逃さないよう、購入しやすくなるポイントをお教えします。

 不動産は買付の申し込みをしたからといって、必ず買うことができるわけではありません。

 せっかくよい不動産を見つけて現地まで行ったのに、購入できなかったら残念ですね……。

 どうして購入できないことがあるんですか？

 人気の物件は、同時に何人も申し込むことがあります。そうなると、購入希望価格が高い人などが優先されてしまいます。どんな人を優先するのかは、不動産仲介会社や売主によって変わります。

 優先してもらうには、どうしたらいいんですか？

 右ページの3つのポイントを参考にしてください。このほかにも、不動産仲介会社の担当者とよい関係を築くことも大切です。

**よい物件は
すぐに申し込みを
しましょう**

**不動産仲介会社
の担当者**
不動産の売買のときには、1人ひとりに担当者が付く。物件の現地調査の手配や契約書の作成を行い、契約時には同席する。

優先してもらえるようにしよう

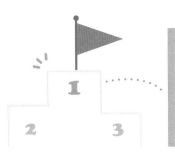

優先順位が上がる人

- 買付証明書が早く売主に届いた人
- 購入希望価格が高い人
- ローンを組まずに現金で購入できる人

【 買付のポイントは3つ 】

Point 1
元付け業者を選ぶ

元付け業者は売主と直接やり取りしている（→P56）。元付け業者が取り扱っている物件を選ぶと、売主に早く書類が届くので、申し込みが通りやすい。

Point 2
現地調査のとき買付証明書を持って行く

買付証明書を早く売主に提出することが大切。現地調査へ行くときに、買付証明書を記入して持って行き、不動産を購入したいと思ったら、その場で不動産仲介会社に渡すとよい。

Point 3
支払い能力をアピールする

現金で購入する場合は、現金であることをアピールする。ローンを組む人よりも確実性が高く、決済までが早く終わるので優先されやすい。ローンを組む場合は、先に申し込んでローンの事前審査に通っているとよい。

買付の申し込みをキャンセルしても、費用はかかりません！ただし、不動産仲介会社との関係を悪くしないためにキャンセルは慎重に！

売買契約書の内容を確認する

売買契約を結ぶ前に2つの書類を確認します。まずは、売買契約書を見てみましょう。

 買付の申し込みが通ったら、いよいよ不動産の売買契約に進みます。不動産仲介会社から書類をもらって、内容を確認しましょう。

 どんな書類があるんですか？

 主に、売買契約書と重要事項説明書をもらいます。売買契約書には契約内容が、重要事項説明書には、物件の状態や取引条件などの重要事項が書かれています。内容に間違いがないか、条件について知らない情報がないかなどを確認します。

 どちらの書類も情報が多そうです……。これを確認するのは、大変ですね。

 ポイントをおさえておけば、そんなに大変ではありません。売買契約書では、契約不適合責任と契約の解除について確認することが大切です。契約の解除については、重要事項説明書にも記載があるので、2つの書類を一緒に確認しましょう（→P126）。

売買契約書
売買代金やその支払い方法など、売買契約の取り決めが書かれている。署名・押印すると契約を結んだことになり、法的な拘束力がうまれる。

※売買契約書のサンプルはここからダウンロード！

（全国宅地建物取引業協会連合会）

重要事項説明書
売買契約書よりも詳しく、不動産に関する情報が記載されている。

契約不適合責任
引き渡された不動産の品質などが契約の内容と違うときに、売主が買主に対して責任を負うこと。

契約の解除
売買契約を結んだあとに、契約を取りやめること。

売買契約書のチェックポイント

☑ 内容に 間違いはない?

不動産の情報や売買代金など、契約内容に間違いがないか確認する。間違いがあれば不動産仲介会社に連絡して訂正する。

☑ ローンが組めなかった ときの解除の期限は?

ローンを組めなかった際、解除できる期限が記載されている。期限を過ぎると違約金が発生するので、ローンを組む場合は、期限に余裕があるか確認する。

☑ 契約した内容と違うときはいつまでに売主に 伝えたらよい?(契約不適合責任の期限)

契約内容と違うときには、期限内であれば、売主に責任を問うことができる。期限は3か月間が一般的。

契約内容と違うときは 売主が責任を負う

たとえば、建物の雨漏りがあるが、それが契約書に記載されていない場合、期限内であれば売主が修理する責任を負う。

〈契約不適合責任の通知期間〉

買主から売主への契約不適合責任の通知期間	物件引き渡し後　○日間
確認資料:建物状況調査の結果の概要	□有　□無 資料作成者:○○○○ 令和○年○月○日

ココ!

不適合責任が ないこともある

契約不適合責任が「あり」になっていても、契約書の最後にある「特約」で「なし」と書かれていれば、特約の内容が優先される(→P126)。古い建物の場合はないことも多い。

物件状況等報告書 (告知書)も見てみよう

物件の状態について、売主が把握している範囲で買主に通知する書類。雨漏りやシロアリの有無、物件の修繕履歴などが載っている。

売買契約②

重要事項説明書で詳しく確認

不動産の情報は、重要事項説明書に詳しく記載されています。しっかり確認しましょう。

 重要事項説明書は売買契約や不動産について、売買契約書よりも詳しく書かれています。

 売買契約書よりもかなり量がありますね。

 確認したいポイントは、主に右ページの部分です。ほかにも、重要事項説明書には**法令上の制限**や**道路との関係**、**設備**などが書いてあります。

 内容は販売図面と似ていますね。

 販売図面や現地で見てきた内容と違うところがないか確認しましょう。

 もし、違うところがあったらどうすればいいんですか？

 不動産仲介会社に連絡してください。内容が間違っていれば正しいものに変更しますが、建物が再建築不可などあやしい内容があった場合は、契約自体を考え直す必要があるかもしれません。

※重要事項説明書のサンプルはここからダウンロード！

（全国宅地建物取引業協会連合会）

法令上の制限
都市計画法や建築基準法による不動産に対する制限のこと。防災基準などがある。

道路との関係
近くの道路の種類や幅、建物が面している道路の長さ、道路までの距離などのこと。

設備
主にインフラ関係の設備のこと。飲料水、ガス、電気、汚水の整備状況がわかる。

重要事項説明書のチェックポイント

☑ 土地・建物は登記されている?

〈登記記録に記載された情報〉

		名義人　山田一郎	
土地	権利部（甲区）	所有権 □有・□無	□差押登記 □ □ □ □
	権利部（乙区）	所有権以外 □有・□無	□地上権 □抵当権 □ □ □
建物	権利部（甲区）	名義人　山田一郎	
		所有権 □有・□無	□差押登記 □ □ □ □
	権利部（乙区）	所有権以外 □有・□無	□抵当権 □ □ □ □

登記簿謄本と
同じか見てみよう

所有権の履歴
（権利部（甲区））

土地と建物について、これまでの所有者の名前や登記の目的、年月日がわかる。現在の所有者が売主になっているか確認する。

所有権以外の履歴
（権利部（乙区））

抵当権や担保権について、これまでの権利者や金融機関などの融資情報の履歴がわかる。現在、抵当権がついているときは、引き渡しまでに抹消できるか不動産仲介会社に確認する（→P130）。

登記内容は登記簿謄本に詳細に記載されている。重要事項説明書の内容と同じか確認しよう（→P180）。

区分マンションのとき

☑ **管理費・修繕積立金は
滞納していないか**

☑ **建物の修繕履歴**

管理費と修繕積立金の滞納額が多いと、月々の費用が値上がりする可能性がある。建物の修繕は、過去10年以内に実施していればOK。

アパート・戸建てのとき

☑ **検査済証の番号と日付**

☑ **確定測量図はあるか**

検査済証に番号と日付があれば、建築基準法の基準を満たした建物ということ。確定測量図があれば、境界が確定していて、隣人とトラブルになりにくい（→P172）。

「契約の解除」と特約は必ずチェックする

最後に売買契約書と重要事項説明書を一緒に確認し、問題がなければ契約を結びます。

 最後に、契約の解除と特約を確認します。売買契約書と重要事項説明書の2つで見ていきます。売買契約は法的な拘束力があるので、1度契約するとなかなか解除することができません。

 解除するのは難しいんですね。

 解除できる場合やその手続きは、重要事項説明書と売買契約条項で決まっています。契約不適合責任による解除や融資特約による解除がその例です。また、違約金が高すぎる場合は、適正な金額になるよう交渉しましょう。

 特約では何を確認するんですか？

 特約はそれぞれの書類の最後に記載があります。不利な内容がなければOKです。オーナーチェンジ物件は2つの書類に加えてレントロールを、区分マンションなら管理規約と重要事項調査報告書も確認してくださいね（→P182）。すべて確認したら契約を結びます。

売買契約条項
売買契約を条文の形式で定めるもの。売買契約書に記載されている。

契約不適合責任による解除
引き渡された物件が契約内容と違い、売主に物件の修理などを請求したにもかかわらず、定めた期限内に対応されないときに契約を解除すること。

融資特約による解除
定めた期限内に融資を受けることができず、契約を解除すること。

レントロール
家賃表。不動産仲介会社や管理会社にもらう。

管理規約
区分マンションの入居者のルールを定めたもの。

重要事項調査報告書
区分マンション全体の管理などを記載した書類。

2つの書類で最後のチェック！

☑ 手付解除は いつまでOK？

買主が契約時に支払う手付金を放棄するか、売主が買主に手付金を返金して解除することを手付解除という。売買契約書と重要事項説明書に書かれている。契約日から2〜3週間以内が一般的。

☑ 違約金は 高すぎない？

契約に違反したときに支払う。売買契約書と重要事項説明書に記載がある。売買代金の10〜20%が一般的だが、自分も支払う可能性があることを考えて10%くらいに設定しておこう。

☑ 契約が解除できるのはどんなとき？

〈重要事項説明書〉

□手付解除	※売買契約書第●条のとおり。
□引渡し前の滅失・損傷の場合の解除	※売買契約書第●条のとおり。
□融資利用の特約による解除	※売買契約書第●条のとおり。
□契約不適合責任による解除	※売買契約書第●条のとおり。

解除できる定めがあるときにチェックが入る

売買契約条項

例 第●条　手付解除

売主は、買主に受領済の手付金の倍額を現実に提供して、又買主は、売主に支払い済の手付金を放棄して、それぞれこの契約を解除できる。

重要事項説明書で、どんなときに解除できるのかわかる。その解除の条件については、売買契約書の売買契約条項で内容を確認しよう。

☑ 特約に不利な内容はないか

契約書の本文は不動産協会のひな型を使っていることが多く、本文と違うことは「特約」に書かれる。売買契約書、重要事項説明書のそれぞれの最後のページにあり、特約の内容は、契約書の本文の内容よりも優先される。たとえば、契約書内で「契約不適合責任あり」でも特約で「なし」の場合があるので、必ず確認する。

すべての書類の内容に問題がなければ、契約書に署名して、契約を結びます

決済の前に行う
最後の準備

売買契約後、決済と引き渡しを受けるまでの1～2か月間で準備しておくことがあります。

 売買契約を結んだら、あとは決済と引き渡しですね！

 その前に準備しておくことがあります。売買契約を結んだら、決済と引き渡しまでに1～2か月の期間があります。この間に準備を進めましょう！

 どんなことを準備するんですか？

 ローンを組む場合は、売買契約を結んだあと、すぐにローンの本審査へ進んでください。ローンを組まない場合は、司法書士を手配します。

 ローンを組むかどうかで変わるんですね。ほかに準備することはありますか？

 引渡しを受けるときに、同時に保険に入る必要があるので、火災保険と地震保険に入る準備をしておきます。ただし、保険の特約には入りすぎないように注意しましょう。また、管理会社（→P134）の手配もします。

司法書士
決済・引き渡しのときに同席して、不動産の決済や登記の手続きをする。

火災保険
建物が火災で損壊したときのための保険。地震による火災被害は対象外になる。

地震保険
地震や地震による火災で建物が損壊したときのための保険。

保険の特約
保険に追加できる内容のこと。たとえば、死亡事故による家賃収入の減少や清掃費用などを補償するものがある。追加する内容や量によって保険料金が増える。

決済の前に準備すること

ローンを組むときだけ

①本審査・契約を結ぶ

売買契約を結んだら、正式なローンの申し込みをして本審査を受ける。本審査に通過したら、金銭消費貸借契約を結んでローンの手続きは完了する（→P186）。

③火災保険と地震保険に入る

火災保険と地震保険には必ず入る。2つの保険はセットになっていることが多い。2〜3社見積もりを取り、特約など保険の内容を精査して保険会社を選ぼう。

ローンを組まないときだけ

②司法書士を探す

ネットで「司法書士　不動産売買」などで検索して探すか、不動産仲介会社に紹介してもらう。ローンを組むときは、金融機関の司法書士が担当になるので手配は不要。

④管理会社を決める or 管理会社を引き継ぐ

空室の場合は、購入後に管理を頼む管理会社を選んでおく。オーナーチェンジの場合、よい管理会社であれば引き継いでもよい。136ページを参考に考える。

【 保険料をおさえるポイント 】

Point 1
できるだけ長期間で契約する

基本的に1〜2年ごとに保険を更新して費用を支払うが、まとめて支払うと費用が削減できる。なるべく長期間で契約しよう。

Point 2
建物の評価額を低く設定する

保険料は建物の評価額によって決まる。そのため、保険の契約時に評価額を低く設定すると、保険料を下げることができる。

保険貧乏にはならないようにしましょう

決済から不動産の
引き渡しまでに行うこと

不動産を購入する最後の手順です。決済・引き渡しを受けたら、
ついに自分の不動産になります。

 決済へ行くと同じ日に物件の引き渡しも受けます。実印と印鑑証明書、本人確認書類、売買代金などの支払い金を持って行きます。

 決済はどこに行くんですか？

 現金で支払うなら不動産仲介会社、ローンを組むなら銀行へ行きます。支払いを確認したのち、司法書士により登記の手続きに進みます。不動産に抵当権がついていればここで抹消手続きをします。

 支払いと手続きが終わったら、物件を受け取れるんですね！

 そうです。物件の引き渡しを受けて、物件の鍵と権利証をもらいます。最近は、安全面から物件の鍵を不動産仲介会社も所有者も保管しないで、入居者だけが持っている場合もあります。引き渡し前には、入居者が保証会社と火災保険に加入できているか、管理会社がついているかを確認しましょう。

実印
各自治体に印鑑登録をして認められた印鑑のこと。

印鑑証明書
実印を認める書類。役所やコンビニで発行できる。

抵当権
ローンを借りるとき、金融機関が不動産に設定する権利。ローンを完済したら、手続きをして抵当権を消す（抹消する）。買主から受け取った売買代金でローンを完済する場合は、決済のあとの登記手続きと一緒に抵当権を抹消する。

権利証
不動産の所有権を証明する書類。現在は登記識別情報のこと。

決済日に行うこと

① 残金の支払い

- 手付を引いた売買代金
- 固定資産税の精算金
- 管理費・修繕積立金の精算金
  （区分マンションのみ）

不動産の売買代金、固定資産税などを支払う。固定資産税は、引き渡し日からその年の12月31日までの金額を日割りで計算し、売主に支払う。

平日の午前中に
行うことが多いです

② 登記の手続き

司法書士

司法書士が登記に必要な書類を確認したあと、不動産の所有権の移転や抵当権の抹消を行う。

③ 登録免許税や仲介手数料の支払い

- 登録免許税
- 登記手数料
- 仲介手数料　　など

所有権移転にかかる登録免許税と司法書士への登記手数料を支払う。不動産仲介会社には、仲介手数料を支払う。

④ 鍵や権利証の引き渡し

 権利

売主 → 買主

物件の鍵と権利証を受け取る。鍵を受け取らない場合は、管理方法を把握しておく。登記後に発行される登記識別情報は、外部に漏れないよう厳重に保管する。

これで不動産が
自分のものに！

Q 宅建（宅地建物取引士）などの 資格を取ったほうがいいですか？

A 宅建は不動産全般を知るうえで、 とても有効な資格です。

　宅建とは、宅地建物取引士という国家資格の略称です。資格の取得には、宅建業法や民法、税法など不動産を取引する際の知識が必要です。

　宅建を勉強すると、不動産についての理解が深まり、不動産投資に役立ちます。宅建は年齢や学歴などの制限なく、誰でも受験することができます。不動産についてもっと学びたいと思ったら、勉強してみるとよいでしょう。ほかにも、簿記の勉強をすると、資産を管理するうえで役立ちます。

　ただ、宅建は合格率が15〜17％ほどと難しい資格です。人によりますが、1年以上は勉強が必要でしょう。

　不動産選びに迷うときや不動産を詳しく学びたいときは、プロに相談することもできます。不動産投資で成功するには、信頼できるよい指導者やアドバイザーに出会うことも大切です。

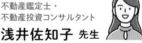

プロに相談するなら

不動産鑑定士・
不動産投資コンサルタント
浅井佐知子 先生

浅井佐知子不動産鑑定事務所代表。不動産投資の相談にのったり、初心者にもわかりやすく不動産投資を解説したりするセミナーを開催している。

第 5 章

購入後の管理と利益をアップするコツ

購入後には、管理会社と一緒に不動産を管理します。"いい管理"は不動産投資の利益につながります。

入居者を募集するためのポイントも紹介します！

購入後はプロにまかせて楽に管理する

管理の大変そうな不動産ですが、不動産を購入後はほとんどの管理業務をプロにまかせることができます。

 不動産を買ったあとは、主に3つのことを管理します。1つ目は入居者の管理、2つ目は建物の管理、3つ目は収支の管理です。

 働きながら不動産を管理できるのか不安です……。

 入居者の対応など管理業務のほとんどは、管理会社がやってくれます。自主管理でなければ、購入後に自分でやることはほとんどありません。

管理会社
不動産の所有者から委託されて、不動産の管理業務を行う会社。

 それなら働きながらでもできるし、たくさん物件を持っていても大丈夫ですね。自分ではどんなことをするんですか？

自主管理
不動産の所有者が自分で不動産の管理業務を行うこと（→P156）。

 基本的には、管理会社と電話やメールでやり取りをするだけです。たとえば、入居者から「隣の部屋がうるさい」と連絡があった場合、管理会社から張り紙をする提案があります。それに同意すれば、あとは管理会社が対応を進めてくれます。

張り紙
入居者に対する注意などを掲示板や玄関のドアなどに張る。

ほとんどの業務を管理会社が行う

投資家

管理のお願い・
PMフィー（→P82）
などの支払い

物件の
管理・賃料
などの支払い

管理会社

管理会社の業務 ‥‥‥‥‥
- 入居者の募集
- 賃料などの集金
- 設備修理の手配
- クレーム対応
- 契約の更新や退去の
  手続き　など

所有者から委託されて入居者と所有者を仲介し、不
動産のあらゆる管理業務を行う。入居者を募集する
ときのみ、賃貸仲介会社に委託することも。

募集依頼・
広告料の支払い

賃料などの
集金・対応

賃料などの
支払い・
困りごとの
相談など

入居者募集だけ
委託されることも

鍵の手配・
空室の確認

賃貸仲介会社

入居者

管理会社から委託され
て、賃貸物件の入居者を
募集する専門の会社。客
付け業者ともいう。不動
産の所有者が自ら頼むこ
ともできる（→P146）。

部屋探しの依頼・
仲介手数料の支払い

物件の紹介・案内

135

"いい管理会社"を選ぶポイント

不動産の管理が行き届いていると、入居者が決まりやすく、長期間の利益にもつながります。

 不動産投資で利益を出すには、不動産の管理が大切です。入居者の満足度が高ければ、退去されにくく収入が安定するからです。今後の運用が楽になり、収入になる管理会社を選びましょう。

 どの管理会社に管理を任せるかが大切なんですね！　どうやって選ぶんですか？

 管理会社を選ぶときのポイントは右ページで確認してください。空室の場合は、引き渡し後に自分で選びます。客付け力がある会社だと入居者も決まりやすくなります。オーナーチェンジ物件の場合は、管理会社を引き継ぐか考えましょう。

 管理会社はどうやって探すんですか？

 ネットで検索できます。全国展開している会社や購入物件近くの会社を探しましょう。物件を買った不動産仲介会社が管理もしてくれることもありますが、賃貸仲介会社のほうが管理会社として優れている場合が多いです。

管理を専門に
している会社に
頼むのがおすすめ！

客付け力
不動産を買いたい人や借りたい人を見つける力のこと。客付け力が高いと、入居者が決まりやすく、低いと決まりにくい。

選ぶときにチェックすること

＼ 管理体制 ／

☑ **入居率が95%以上**

管理している戸数に対して、入居者がいる戸数が多いと、入居者の満足度が高く管理体制がよいと思われる。

- - - - - - - - - -

☑ **1人あたりの管理戸数が200戸以下**

管理会社の担当者が1人につき、担当できるのは400戸が限度。戸数が少ないほど、丁寧な管理が期待できる。

＼ 客付け力 ／

☑ **2社以上広告を出している**

できるだけ多くの広告を出している会社のほうが、入居者が決まりやすい。

- - - - - - - - - -

☑ **賃貸仲介会社に広告を頼める**

投資家が管理会社のほかに、賃貸仲介会社にも入居者の募集を頼めると、入居者を決めやすい。

＼ 費用 ／

☑ **PMフィーが5%以下**

PMフィー（→P82）は管理会社によって異なる。安いところを選ぶと費用を削減できる。家賃収入の5%以下ならOK。

- - - - - - - - - -

☑ **成約手数料が家賃1か月分**

入居者が決まったときに管理会社に支払う手数料を成約手数料という。家賃収入の1か月程度が目安。

＼ 退去のとき ／

☑ **自分でリフォームを手配できる**

管理会社が提携しているリフォーム会社が割高な場合もある。自分で業者を手配できるとよい。

＼ オーナーチェンジのとき ／

☑ **保証会社を引き継げる**

新しい管理会社にするときは、入居者の保証会社がそのまま引き継げるようにすると、手続きが不要なので入居者が楽。

2〜3社選んで連絡！

☑ **対応はスムーズか**
☑ **中途解約できるか**

できれば訪問して上記の事項を確認し、対応が丁寧でスムーズな会社にする。契約前に解約について確認することも大切。3〜6か月前に予告すれば解約できるのが一般的だが、決まりがなかったり、高額の違約金が発生したりする場合は、ほかの会社を選ぼう。

建物の管理

建物の修繕は
10〜15年に1度のペースで

建物をきちんと管理すれば、きれいな状態で長く使用することができます。

 建物の管理とは、具体的にどんなことをするんですか？

 共用部分の清掃や建物と設備の修理などを行います。設備の修理は、入居者から連絡があれば行います。**費用はかかりますが、入居者とのやり取りや修理業者の手配などは管理会社がやってくれます。**

 物件の管理で、自分でやることは何かありますか？

 戸建てとアパートの場合は、建物の大規模修繕が10〜15年に1度必要です。そのため、**自分で修繕費用を積み立てておき、時期が来たら業者を手配します。**

 区分マンションの場合は大規模修繕の対応は不要ですか？

 区分マンションは、毎月支払う修繕積立金を使って大規模修繕をするので積み立ては不要です。業者の手配も必要ありません。

**ふだんの建物の
管理はとても
楽にできます**

大規模修繕
建物の大規模な修繕。屋根・外壁の修理や塗り替えを行う。

138

設備の修理は管理会社が手配する

設備が壊れたときは、入居者が管理会社に連絡をする。その連絡を受けて管理会社が設備の状態を確認し、対応を考えて不動産の所有者に相談する。

掃除も管理会社が行う

日常的な掃除のほかに共用部分の電球など消耗品の設備交換も行う。アパートなら自分で行うか、ネットで業者を手配すると費用をおさえられる。

戸建てとアパートは大規模修繕に備える

区分マンションは、
修繕について
考えなくてOKです！

毎年

再調達原価の1％を積み立てる

大規模修繕のために、費用を自分で積み立てておく。積み立て金額は、再調達原価（→P111）の1％が目安。再調達原価が500万円の物件の場合、毎年5万円積み立てれば、10年で50万円になる。

10〜15年に1度

業者を手配して修繕する

大規模修繕は10〜15年に1度行う。時期が来たら、業者を手配して修繕する。業者を手配するときは、何社か見積もりを取って比較する。

空室になったら
リフォームをする

入居者が退去したときや空室の物件を買ったときなどは、リフォームしてから入居者を探します。

空室物件を買った場合は購入後すぐに、オーナーチェンジ物件の場合は入居者が退去して空室になったときに、リフォームをします。

リフォームって、具体的にはどんなことをするんですか？

部屋のなかをきれいな状態に原状回復をしたり、絨毯（じゅうたん）をフローリングにリフォームしたりして価値を高め、入居者を募集しやすくします。

原状回復
借りたあとに生じた建物の損傷や汚れを、もとに戻すこと。借主には原状回復の義務があるが、長期間の使用による汚れや設備の劣化などは、その範囲ではない。

どの部分をリフォームすればいいんですか？

区分マンションとアパートは管理会社から提案されることが多いですが、戸建てや購入時に内見できる物件の場合は実際に見て、考えることが大切です。ハウスクリーニングのみできれいになる場合もあります。このとき、足りない設備があれば補うようにしましょう。ただし、費用はかけすぎないように注意してください。

ハウスクリーニング
住宅の清掃のこと。主に、換気扇や浴室、トイレなどを行うことが多い。

リフォームするときの注意点

内見できる場合

自分の目で見てチェックする

☑ 汚れや劣化はないか

- 壁紙の浮きや
  はがれ、汚れ
- 壁・床・扉のへこみ
- 雨漏りのシミ
- 床がふかふか
  していないか　など

リフォームが必要なところを確認する。管理会社からリフォームの提案をされることもある。

☑ 設備は足りているか

- 温水洗浄便座　● Wi-Fi
- 追い焚き機能付きのバスタブ
- テレビモニターフォン　など

リフォームをするとき、一緒に物件の設備を確認して、追加するべきものがあれば追加する。

いくつか見積もりを取る

相見積りが取れる！

くらしのマーケット

リフォームの費用や口コミを一括で検索したり比較したりできるサイト。

リフォーム費用は業者によってさまざま。使用する素材によっても費用が変わるので、いくつかの業者に見積もりを取って比較しよう。比較するときは、費用と納期に注目する。

できるところはDIYする

例

- ドアノブを取り替える
- 鏡を磨く
- 台所のシンクを磨く　など

リフォーム費用を削減するには、DIYもおすすめ。ホームセンターや100円ショップの道具でできる。動画サイトなどでやり方を確認するとわかりやすい。戸建てはDIY可能物件として、リフォームをせずに入居者を募集することもできる。

入居者を募集するための条件の決め方

空室の場合、リフォームが終わったら、入居者を募集します。
管理会社と一緒に入居者の条件を決めましょう。

 入居者を募集するときは、管理会社が募集図面を作成します。管理会社と一緒に、入居の条件を決めましょう。

 条件というと、毎月の家賃や共益費をいくらにするかなどですか？

 そうです。そのほかにも、敷金や礼金、ADについても決めましょう。賃料を決めるときは、賃料の相場をもとに管理会社から提案を受けます。それをもとに決めます。

 管理会社と一緒に決めるのかぁ。今後の収入にもかかわるので大切ですね！

 入居者の条件はないんですか？　誰でも入居できるのは少し不安です。

 入居者の条件も決めます。どんな条件にするのかは、管理会社ときちんと相談して決めましょう。また、入居者によるトラブルを避けるには、保証会社を付けてもらうことが大切です。

共益費
物件の共用部分の電気代や水道代などに要する料金。

敷金
不動産の賃貸借契約時に借主が貸主に預けるお金。契約期間中の賃料の未払いや契約終了時の原状回復費用などに使用し、残りは契約終了後に返金される。

礼金
借主から貸主に謝礼として支払われるお金。

AD
広告企画料。入居者を募集するときに、管理会社や賃貸仲介会社に支払う費用。

保証会社
借主が賃料を滞納した際に、一時的に立て替える会社。保証会社に入るには審査があるので、入居者を絞ることができる。

管理会社と相談して募集条件を決める

＼ 賃料などの費用 ／

賃料、共益費、敷金、礼金を決める。管理会社から提案されるので話し合おう。先に近くの賃料相場を調べて把握しておくとよい。また、ADも管理会社と相談して決める。相場は賃料の1〜2か月分。

＼ 入居者の特徴 ／

入居者の国籍や性別、年齢などを決める。トラブルが起きにくい属性を管理会社に確認し、審査基準が厳しい保証会社にしてもらうとより安心できる。また、ペットの可否についても決める。ペット可の場合、1頭につき2,000円程度賃料をプラスすることができる。

［ 入居者が決まりやすくなるポイント ］

Point 1 家賃と
共益費を分ける

敷金や礼金などは家賃を基準に設定されることが多い。そのため、家賃と共益費を分けて設定すると、費用が削減され、入居者が決まりやすい。

Point 2 ADを
上乗せする

管理会社や賃貸仲介会社に支払うADを増やすことで、積極的な客付けを依頼する。反対に、ADが少ない物件だと、広告に消極的なことも。

Point 3 条件を
ゼロゼロにする

入居時の条件を敷金と礼金のどちらも0円にする"ゼロゼロ"にすると、初期費用が安くなり、入居者が決まりやすい。フリーレントにするのもよい。

ホームステージングで "よい物件" をアピール！

空室をうめるには入居者に住みたい物件だと思ってもらうことが大切です。自分で物件をアピールする方法もあります。

入居者募集②

自分でできる空室対策もあります。ホームステージングはその1つです。右ページを見てください。ホームステージングをすることで、よりよい物件に見えるのです。

すごい！　ホームステージングの前と後では、とても印象が変わりますね。

ホームステージングをして写真を撮り、その写真を入居者募集のときに使いましょう。

棚や小物が置いてあると、部屋の広さなどもわかりやすいですね。でも、大変じゃないですか？

100円ショップやニトリ、IKEAなどで購入すれば、1万〜2万円で簡単にできます。自分のものを使えば、無料でできます。入居希望者が内見するときのために、排水口はラップをしてにおいをふさぎ、部屋にはアロマを置いておくと、もっと印象がよくなります。

空室対策
空室を少なくする、入居者が決まりやすくするための工夫のこと。

ホームステージング
部屋を飾って魅力的に見せること。

排水口
下水管へ水を排出する穴。水が通っていなかったり、使用しない期間が長かったりすると、下水のにおいが上がってくる。

ホームステージングの例（1K）

Before

After

棚を置く
空間がわかり
やすくなる！

自分で簡単にできる！

おしゃれな棚や小物を置くだけで部屋
の印象が変わる。100円ショップや雑
貨屋などでお手ごろに購入できる。

小物を置く
おしゃれな生活をイメ
ージできて好印象！

【 写真を撮るときのコツ 】

明るいほうが
好印象

GOOD!

できるだけ明るくする

写真が暗いと部屋の印象も暗
くなるうえ、見にくい。写真
が暗い場合は、彩度や明度を
調整して明るくする。

なるべくたくさん撮る

物件の外観、間取りがわかる
角度の室内、お風呂、トイレ、
キッチンは必ず写真を撮る。
特に、水回りがきれいだと好
印象なので、水回りの写真は
多く撮って募集に使う。

145

入居者募集③

入居者募集のプロ
賃貸仲介会社を味方にする

入居者を決めるためには、管理会社だけでなく、専門の会社に
協力してもらうことも大切です。

入居者を決めるには、賃貸仲介会社に客
付けをお願いして回ることも大切です。

管理会社にお願いするだけではだめなん
ですか？

物件の囲い込みが起こる可能性がありま
す。そうすると、なかなか入居者が決ま
りません。この場合、ADを上乗せして
客付けをがんばってもらうこともありま
すが、物件の近くの賃貸仲介会社にも客
付けを頼むといいでしょう。

物件の囲い込み
貸主から紹介された物件
を他社に紹介せずに、自
社だけで客付けしようと
すること。貸主と借主の
両方から手数料を得るこ
とを目的にしている。

どうやって依頼するんですか？

実際に店舗へ行って依頼をします。ネッ
トで検索して、賃貸物件の取り扱い数が
多い業者をいくつか訪問します。親切に
対応されることがほとんどなので、ぜひ
行ってみましょう。また、訪問の前には、
管理会社に賃貸仲介会社に客付けを依頼
することを伝えておきます。反対されな
いよう、早く入居者を決めたいことも伝
えましょう。

反対
「客付け能力がないと思
われたくない」「ほかの
会社にお客さんを取られ
たくない」ということか
ら、ほかの会社に客付け
依頼をすることをよく思
わない管理会社もある。

賃貸仲介会社を訪問しよう

＼ 持って行くもの ／

・名刺
大家の名刺があると信頼度が高い。また、顔と名前を覚えてもらいやすい（→P177）。

・募集図面
物件の入居者条件などを記載した募集の図面。管理会社がつくる。

・手土産
1,000円程度のお菓子。日持ちがよく、常温で保存できるものがよい。

＼ 訪問の手順 ／

❶ あいさつ

名刺を交換してあいさつをする。近くで物件を所有している"大家"であることを伝える。忙しい曜日を避けて、できれば月曜日や木曜日などに訪問するとよい。

❷ 募集のお願い

手土産と募集図面を渡す。入居者募集の広告を出してもらえないか依頼する。

❸ ヒアリング

所有している物件について説明し、物件の設備や賃料などについて意見を聞く。賃料などを見直す必要がありそうなら、管理会社と再度相談して条件を決めよう。

［ ネットを使って自分で入居者を見つけることもできる ］

例

○○駅5分
家賃 32,000円

敷金・礼金 0円！
初期費用はかかりません！

自分で募集する場合は、サイト経由で内見の希望が入ったときや、成約したときの仲介手数料はどうするのか管理会社と相談し事前に決めておく。

専用サイトを選ぶ

専用のサイトを使えば、自分で入居者を探すことができる。「ジモティー」や「ウチコミ！」「ECHOES（エコーズ）」などがある。

写真・紹介文を掲載

募集に使う写真や物件の紹介文を自分で準備して掲載する。

月の収支と年間の収支を記録しておこう

収支を管理して、投資の目標を達成しているか確認しながら続けると、失敗を防ぐことにつながります。

 投資で得た利益やかかった費用は、わかりやすいように記録しておきましょう。

 どうやって記録しておくとよいですか？

 管理会社から月に1度、報告書が届くので、それをきちんと取っておき、エクセルなどに書き写して自分でわかりやすいようにしておきましょう。収支を把握することで、投資の目標を達成しているか確認します。

報告書
不動産の管理状況についてまとめた書類。管理会社から、不動産の所有者に対して、年に1回以上届く。

 具体的にはどんなことを書くとよいですか？

 持っている物件の情報を書いたレントロール（→右ページ）と一緒に、自分で毎月の収支を書いておきましょう。年間の収支も書いておけば確定申告が楽です。

確定申告
1年間の所得から税額を計算して納税すること。既定の確定申告書を記入し、必要書類を準備して税務署に提出する。会社員は給与以外の所得が20万円を超えるとき、確定申告が必要。

 確定申告は自分でできますか？

 自分でできます。物件が増えてきたら税理士に頼んでもよいでしょう。

税理士
税理士法にもとづいて、税の申告などを行う専門家。

3つの形で収支を記録する

1 レントロール

管理会社がつくる家賃表。持っている不動産ごとに情報をまとめておくと、更新時期などを忘れない。

例 **ソシムハイツ　103号室**

契約開始日	**令和5年10月1日**	保証会社	**○○会社**
契約終了日	**令和7年9月30日**	更新料	**0円**
間取り	**1K**	賃料	**5万円**
面積	**17㎡**	共益費	**3,000円**
借主	**山田○○**	敷金	**0円**

2 月の収支

毎月の収入と費用を記録する。収支合計から月の手取り金額を確認できる。

1か月間の収入。駐車場代などで収入があればそれも記載する。

収入		支出	
5月分賃料	50,000円	PMフィー	1,000円
共益費	3,000円		
合計	53,000円	合計	1,000円
収支合計（収入−支出）			52,000円

1か月間の費用。区分マンションの場合は、管理費と修繕積立金も記載する。

3 年間の収支

1年間の収支を記録する。確定申告のときに役立つ。

月の収入と同様に駐車場代などあれば収入を記載。空室の期間があれば賃料は減る。

収入		支出	
2023年賃料	600,000円	PMフィー	12,000円
共益費	36,000円	管理費	20,000円
		修繕積立金	50,000円
		固定資産税	25,000円
		保険料	10,000円
合計	636,000円	合計	117,000円
収支合計（収入−支出）			519,000円

毎月の項目に加えて、年間にかかる税金や保険料も記載する。設備を修理したときはその費用も入れる。

次の物件を買うときは
ロードマップを確認する

購入後はロードマップを見直して、新たなロードマップをもとに不動産の数を増やしていきます。

 物件はロードマップにしたがって買い進めましょう。はじめにつくったもの（→P12）を1年に1度、もしくは物件を購入したあとに見直してくださいね。

ロードマップ
いつ、どんな不動産を購入してどのくらいの利益を得るのか、目標を示したもの。

 2件目以降の不動産を買うときの注意点はありますか？

 債務超過にならないようにしましょう。通常は購入時に債務超過でも、時間がたてば銀行への返済が進むので資産超過になることが多いです。これはシミュレーションでわかりますが、そのとおりにいくとはかぎりません。毎年、収支がマイナスになっていないか確認します。

債務超過
資産よりも負債が多くなること。赤字。反対に負債よりも資産が多くなることを資産超過という。

 わかりました！　不動産投資で早く仕事をリタイアするコツはありますか？

 物件を増やすといいでしょう。規模の原理ですぐに収入を増やすことができます。不動産投資は管理も楽なので、自分の目標に合わせて不動産の数を増やして行きましょう。

規模の原理
戸数が多くなるほど、収入も費用も増えるが、1戸あたりにかかる費用については安くなること。

ロードマップの見直しが大切

例

＼ 1 年目 ／ 〔現在〕

投資資金：**500万円**（ローンあり）
アパートを購入
年間キャッシュフロー：**150万円**

戸数が増えて、収入が多いアパートで不動産投資をスタートして収入の基盤をつくる。

> もう1軒アパートを買う予定だったが、少し債務超過なので戸建てに変更！

＼ 2 年目 ／ 〔予定〕

投資資金：**150万円**（ローンなし）
戸建てを購入
年間キャッシュフロー：**40万円**

債務超過を解消するため、利回りの高い戸建てを購入することに。キャッシュフローは、1つ目のアパートと合わせて年間190万円になる。

〔予定〕 ＼ 3 年目 ／

投資資金：**150万円**（ローンなし）
戸建てを購入
年間キャッシュフロー：**40万円**

利回りの高い戸建てをもう1つ買うことで、今後、ローンを組みやすくする。キャッシュフローは3つの物件を合わせて、年間230万円に！

**自分の
資産状況によって、
ロードマップを
修正しましょう**

〔 債務超過にしないために 〕

積算価格の
高い物件にする

積算価格よりも、ローン金額が小さいと資産超過になる。積算価格が高い物件は、債務超過になりにくいのでおすすめ。

利回りの高い
物件にする

利回りが高く、毎月のキャッシュフローがプラスになる物件なら、現金がどんどん増えて資産超過になる。

ローンの期間を
長くしすぎない

ローンの期間が長いほど、返済が進まず負債がなかなか減らない。そのため、債務超過になりやすい。

不動産を売って
利益を得る

不動産投資のメインは家賃収入ですが、不動産を売って利益を
得ることもできます。

不動産投資は基本的に家賃収入を得ることが目的ですが、保有する不動産を売って利益を得ることもできます。

キャピタルゲインですね！　どんなときに不動産を売ればよいですか？

キャピタルゲインを得るためには、インフレで物価が上がっているときがよいでしょう。売却するタイミングとしては、現金が必要なときやもっと大きな不動産を購入する際の資金にするときなどがあげられます（→右ページ）。

インフレ
インフレーションの略。
物価が上がってお金の価
値が下がること。

シミュレーションでも、いつ売ったら利益になるか確認しましたね（→P101）。不動産はいつか売るものなんですか？

売るときは
慎重に検討
しましょう

売って利益になるものを選ぶことは大切です。しかし、必ず売らなくてはいけないということはありません。よい物件はなかなか見つからないので、利益になる物件なら、手放さずに持っておくことをおすすめします。

不動産を売るのは、たとえばこんなとき

現金が必要になったとき

現金が必要なときは、不動産を売却して、代金を受け取る。

もっとよい不動産を買うとき

所有している不動産よりも利益になりそうな不動産を見つけたが、購入資金が足りないときは、持っている不動産を売却する。その資金をもとに不動産を購入する。

大規模修繕の前

大規模修繕にはお金がかかるので、その前に売却することも。ただし、大規模修繕前でも物件は売れるが、修繕後のほうが建物がきれいなので買われやすい。

キャピタルゲインを得られるとき

不動産を売却することで、十分な利益が得られるときは売却してもよい。いつごろ売るとよいかは、シミュレーションで確認できる。

不動産投資をやめるとき

不動産投資をやめるときは、不動産を売却し、引き渡し後に終了する。

お宝物件は
大切に持っておこう

高く売るための
コツを知ろう

不動産を売るときは、できるだけ高く売って、利益になるようにしましょう。

不動産は売るときにも税金がかかります。ただし、不動産の所有期間が5年を超えると、売却時にかかる利益に対して所得税と住民税が、それ以前の約半額になります。

シミュレーションでも確認しましたね！

では、不動産を売るなら、5年目以降がいいってことですね！　ほかに売るときのポイントはありますか？

主に右ページの3つのポイントがあります。売る前には、いつまでにどれくらいの金額で売りたいのかを決めておきましょう。

売るときの手順は、買うときと逆ですか？

そうですね。売る側になるので、買主に渡すために書類の整理などが必要です。また、不動産仲介会社をまわって売却活動をします。そのほか、売買契約の結び方などは買うときと同じです。

税金

売却時には、売買代金から費用などを引いた利益に所得税と住民税がかかる。税率は所有期間によって異なる。所有期間が5年以下の場合は39.63%（所得税30.63%、住民税9%）、5年を超えると20.315%（所得税15.315%、住民税5%）かかる。

所有期間

不動産を持っている期間。所有の翌日から起算する。

書類の整理

レントロールや物件の修繕履歴、登記簿謄本などを用意しておく。

売却活動

買主を見つけるために不動産仲介会社に不動産の情報を渡したり、購入希望があったときに対応したりすること。

高く売れる不動産の特徴

☑ 入居率が高い

入居者がいる状態だと、購入後の管理が楽なので買い手が決まりやすい。特に、アパートでは空室が少ないほうがよい。また、入居率が高いことも大切。

☑ 建物がきれい

建物の修繕や掃除がきちんとされていて外観がきれいだと買い手が決まりやすい。また、設備が整っているとよい。

☑ ローンを組みやすい

積算価格が高く、入居者がいる物件は銀行の評価が高くローンが組みやすい。そのため、アパートの場合は特に買い手が決まりやすい。

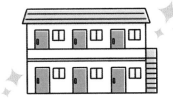

【 不動産を売るときの流れ 】

1

不動産仲介会社を選ぶ

収益物件に強い不動産仲介会社をネットで探して、2～3社で不動産の査定をしよう。査定価格に満足でき、対応のよい会社にする。

2

売却活動をする

不動産仲介会社に販売図面をつくってもらい、広告を出して買い手を探してもらう。資料請求や内見も不動産仲介会社が対応する。

3

売買契約を結ぶ

買付の申し込みが来たら、内容を確認して買い手を決める。売買契約書と重要事項説明書を確認し、問題なければ契約を結ぶ。

4

管理会社などに連絡

買い主が管理会社を引き継がないときは、新しい管理会社への引継ぎのお願いと解約手続きをする。ローンを利用している場合、返済方法を決める。

5

決済・引き渡し

売買代金を受け取ったら、不動産を引き渡して終了する。

Q 自分で管理すれば、
収入が増えますか?

A 自分で管理するには手間がかかります。
管理会社に頼んだほうが安くすむことも。

　不動産の管理を管理会社に頼まず、自主管理することもできます。そうすると毎月のPMフィーを削減することができます。ただ、自主管理をするには、手間と時間がかかります。

　自主管理では、入居者募集や入居者への対応などの管理業務をすべて自分で行います。入居者を募集するときは、ADを支払って賃貸仲介会社に頼むことが多いです。

　設備の故障など、何かあったときには、入居者から直接連絡がきます。そのため、いつでも連絡が取れるようにしておき、何かあったときには、すぐに駆けつけられる距離にいる必要が

あります。

　あらかじめトイレの修理業者や鍵をなくしたときに玄関を開けてくれる業者など、トラブルに対応してくれる業者を探して連絡先を控えておきましょう。そのほか、建物の警備の手配や定期的な掃除も行わなくてはなりません。

　管理業務を楽しめると、収入以外のメリットを得ることができます。しかし、戸数が少ない場合だとしても、働きながらでは自主管理は難しいです。1戸あたり月に1,000円程度で委託できる会社もあるので、管理会社に頼んだほうが、楽に利益を得られるでしょう。

第 6 章

実際に不動産を
購入してみよう!

山田さんは、不動産投資をはじめることにしました。
ここまで学んだことのおさらいもかねて、山田さんの
不動産購入の様子を見ていきましょう。

私の例を
紹介します!

350万円の自己資金で
はじめる

実際に不動産を購入することに決めた山田さん。まずは目的と
目標を決めます。

 学んだ知識を活かして、実際に不動産投資をはじめたいと思います！

 それでは、目的と目標を決めましょう。

目的
不動産投資で得たお金を
何に使うのかということ。

 毎月6万円くらい、趣味のバイクに使えるお金がほしいです。なるべく早く収入を増やしたいなぁ……！　働きながらでも、楽に管理できる物件がいいですね。

目標
不動産投資で得たい具体
的な金額のこと。

 そうなると、年間で72万円ほどの不動産収入を目指すことになりますね。投資資金はどのくらいありますか？　今の自分の資産を把握してから、投資する資金を考えてみましょう。

 貯金と株で500万円の資金があるので、350万円くらい投資に使えそうです。

**投資する
お金は無理の
ない額に！**

 それでは、運営中の費用も考えて、3年かけて年100万円のキャッシュフローを目指しましょう。はじめに戸数の多いアパートで収入の基盤をつくり、そのあとに物件を増やしていきます。

年間キャッシュフロー100万円の目指し方

1年目・1件目

投資資金：**350万円**（ローンあり）
アパートを購入
年間キャッシュフロー：**80万円**

比較的早く不動産投資の収入を増やすことを目指して、はじめにアパートを購入する。1年目は年間80万円のキャッシュフローが目標。

2年目は
資金を
貯める年に！

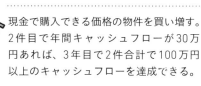

3年目・2件目

投資資金：**300万円**（ローンなし）
区分マンションか戸建てを購入
年間キャッシュフロー：**30万円**

現金で購入できる価格の物件を買い増す。2件目で年間キャッシュフローが30万円あれば、3年目で2件合計で100万円以上のキャッシュフローを達成できる。

【 資産の管理にはアプリがおすすめ 】

例 マネーフォワードME

資産	
資産 負債	
資産総額	**¥2,000,000**
預金・現金	¥1,300,000
株式（現物）	¥500,000
投資信託	¥20,000

パソコン、スマホの家計簿アプリ。銀行口座やクレジットカードの情報を登録すると自動でお金の出入金を管理できる。

資産を見ながら
ロードマップをつくる

不動産投資をはじめるときだけでなく、運用中も資産を把握する。特に、不動産を買い増すときは、所持している不動産の収入やローン返済額などを確認してロードマップを見直そう。

条件検索でいくつか候補のアパートを見つける

ネットの条件検索を利用して、候補の物件を探します。1つずつ確認してよい物件を見つけましょう。

 物件を検索するには、ネットが便利でしたね！　検索物件をアパートに絞って、利回りは12%以上を条件にして探そうと思います。

 条件検索では、ファミリー向けの間取りか単身者向けの間取りかも選べます。

 長く住んでもらえそうな、ファミリー向けの物件にしたいと思います。

 物件価格も条件付けできます。今回は自己資金が350万円なので、ローン金額が90%以内になるよう3,500万円以下の物件を探しましょう。

 たくさんの物件が出てきました！　どうやって決めればよいでしょうか？

 1つずつ物件の情報や周りの環境を確認しましょう。ざっくりと確認し、よさそうなものは資料を請求します。資料を請求すると取り扱う会社についてもわかります。対応のよいところにしましょう。

ファミリー向けの間取り
2K、2DK、2LDK、3Kなど、2K以上の間取りをさす。

単身者向けの間取り
ワンルームと1K、1DK、1LDKをさす。

根気よく探し続けることが大切です

よさそうな物件を2つ発見したら……

1つずつ見ていこう

楽待で条件検索

不動産投資用の物件を検索できるサイト。検索するときは、自分の目的・目標に合わせて条件を付けよう。

〈設定した条件〉

- アパート
- 利回り12%
- 3,500万円以下
- ファミリー向け

気になった物件は資料を請求

物件ページに記載の情報から利回りや物件価格、間取りなどを確認し、気になる物件があれば資料を請求する。ネットで周りの施設やハザードマップを調べて、住みやすい地域か、NG物件ではないかを確認する。

ソシムハイツA

- 価格：2,500万円
- 利回り：13%
- 10戸（空室1戸）
- ハウスメーカーの物件
- 間取り：2DK
- 駅から徒歩8分

ソシムハイツB

- 価格：2,000万円
- 利回り：12%
- 6戸（空室1戸）
- 間取り：2K
- 駐車場あり（全6台）

この2つの物件に絞りました！

候補の物件を シミュレーションしてみる

物件の間取りや周りの環境を確認して、よい物件はシミュレーションを行い、比較してみましょう。

 アパートを2つに絞れたところで、シミュレーションで比べてみましょう。

 シミュレーションには、販売図面と相続税路線価、融資条件が必要ですね！ 相続税路線価はネットで調べました（→P86）。

 それでは、物件情報をシミュレーションシートに入力して、全体的にシートの数値を確認しましょう。

 どちらも問題はなさそうです。その場合はどうやって決めるんですか？

 4つの決め手がありました（→P92）。それぞれを比較してみましょう。

 Bは1億円に対する税引き前キャッシュフローが300万円以下だし、よさそうなのはAですね。担当の人も好印象だったし、Aのアパートにしたいと思います！

 それでは、Aのアパートの現地調査へ行く準備をしましょう。

シミュレーションの やり方は第3章で 紹介しています

4つの決め手
シミュレーションで物件を購入するかどうか決めるときに重視すること。①税引き前キャッシュフローが1億円に対して300万円以上あるかどうか、②税引き前キャッシュフロー、③税引き後キャッシュフロー、④返済比率がある。

シミュレーションで4つの決め手を比較

シミュレーションシートで
わかります

結果	A	B
① 税引き前キャッシュフローの 1億円に対する金額	300万円	290万円
② 税引き前キャッシュフロー	100万円	80万円
③ 税引き後キャッシュフロー	83万円	62万円
④ 返済比率	48%	45%

Aのアパートに決めます！

利益が多いほうがよいので、Aのアパートにします！　返済比率は高いですが、予算内の金額で返済比率が50％以内なので、大丈夫だと判断しました。

それでは不動産仲介会社へ連絡しましょう

物件を決めたら、購入したい旨を電話やメールで不動産仲介会社に伝えます。このとき、実際に現地へ行って物件を確認する日時も決めましょう。

【 決まりやすくするために 】

**買付証明書を
書く**

現地調査のあと、すぐに買付の申し込みができるよう、買付証明書を準備して持って行くとよい。購入希望価格を計算して記入しておく（→P116）。

アパートを決めたら
すぐにローンを申し込む

物件の申し込みを通りやすくするため、現地へ行く前にローンの申し込みをします。

不動産仲介会社に連絡して、アポイントを取りました。来週、現地調査へ行きます。その前に何か準備しておくことはありますか？

今回はローンを組みますよね。現地へ行く前に、ローンの事前審査に申し込んでおきましょう。

事前審査
ローンを申し込む人の返済能力を判断するために行う簡易的な審査。

買付を申し込む前に申し込んでおくと、購入しやすくなるんでしたね！

その通りです。申し込むために、自分のプロフィールを確認しましょう。属性によって、利用できるローンが変わります。

プロフィール
自分の年齢や職業、資産のこと。

審査の基準が変わるということですか？

属性
ローンを組むときに重視される申込者の特徴のこと。年齢や年収、職業、勤続年数、健康状態などがあり、項目は非公開で金融機関ごとに異なる。

金融機関によって、**審査基準や融資条件**が違います。プロフィールを確認しておくと、自分に合ったローンを探しやすいです。

わかりました。書いてみます！

プロフィールシートを記入しよう

年齢	歳
職業	
年収	円
預金	円
預金以外の資産	円

山田さんの
プロフィールシート

年齢	35歳
職業	会社員
年収	700万円
預金	300万円
預金以外の資産	株200万円

プロフィールの内容は
融資条件に影響します

① プロフィールの内容

年収や年齢、職業、資産状況などからローン返済の能力があるかをはかる。雇用が安定した職業で年収が高く金融資産があり、年齢が若いほど審査に通りやすいとされる。

② 物件の収益性と土地の評価

利回りの高い物件ほど、収益性が高く、ローン返済能力があると判断される。また、土地の評価（積算価格）が高いほど融資を受けやすい。シミュレーションで問題なければ大丈夫。

審査と融資条件の基準になる

プロフィールと物件の収益性、土地の評価や建物の築年数などによって審査する。借りるときの融資金額や融資期間、金利に影響する。

ローンを組む② ローンを申し込む 金融機関の選び方

自分のプロフィールに合わせて、利用できそうな金融機関と
ローンを選び、事前審査に申し込みます。

不動産投資で利用できるローンには、どんな種類があるんですか？

主にアパートローンとプロパーローンの2つがあります。融資条件などの特徴を確認して、自分に合ったほうを選びましょう。

アパートローンは、自己資金が少なくても利用できるんですね！　私はアパートローンにします。

公庫とよばれる日本政策金融公庫もあります。公庫は金利が低いことや女性や若い人、シニアも利用しやすいことが特徴です。しかし、融資期間が短く、融資金額も少ないです。そのため、リフォーム費用の分だけ公庫から借りる人もいます。

そんなこともできるんですね。

ローンは審査に落ちることもあるので、事前審査は、いくつかの金融機関に申し込んでおくと安心です。

アパートローン
商品化されているローンのこと。不動産だけでなく個人の属性を重視する。

プロパーローン
オーダーメイド方式のローンのこと。事業に対して貸し出す。

日本政策金融公庫
政府系金融機関。主に事業者に向けて貸しつける。「国民生活事業」という枠組みで不動産の事業に利用できる。法人・個人事業主であれば、各市区町村にある商工会を通じて公庫に申し込む「マル経融資」もある。

アパートローンを申し込むことに

	こちらに決定！ アパートローン	プロパーローン
自己資金	10～20%前後 ※場合によってフルローンも可	約30%
本審査から結果が出るまで	3週間	2～3か月
金利	高め	低め
融資金額の上限	年収の10倍程度	上限なし
融資期間	年齢と建物の耐用年数によって30年以内が多い	建物の耐用年数以内が多い
向いている人	会社員、公務員、はじめて融資を利用する人	個人事業主、社長、不動産投資の実績がある人
例	オリックス銀行、静岡銀行など	各信用金庫、都市銀行、地方銀行など

【 金利が選べるときは固定金利を選ぶ 】

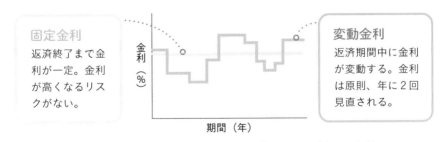

固定金利
返済終了まで金利が一定。金利が高くなるリスクがない。

変動金利
返済期間中に金利が変動する。金利は原則、年に2回見直される。

固定金利なら、返済額が金利によって増えることがない。ただし、投資用のローンは固定金利を選べない銀行も多い。変動金利でも、一定期間の金利が固定で、期間後に変動金利に移行するものもある（固定金利特約期間付き変動金利）。

私の例を紹介！

スマホで簡単！

ローンのシミュレーションと事前審査をしよう

[例 オリックス銀行]

不動産投資用のアパートローンを提供する金融機関。購入する不動産の価格が 1,000 万円以上 2 億円以下の場合に利用できる。

① ホームページを開いて受付を申し込む

ここをタップ

1つずつ見ていこう！

② 不動産情報とプロフィールを入力！

スクロールして入力していく

〈設定した条件〉
- 構造：木造
- 建物竣工：1990 年 3 月
- 借入希望時期：2024 年 2 月
- 購入金額：2,500 万円
- 借入希望額：2,150 万円
- 年収：700 万円
- 年齢：35 歳
- 借り入れ状況：0 円

③ 借入条件のシミュレーション結果が
出てくる！

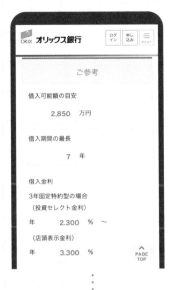

自分の融資条件の
目安が
わかりました！

この結果をもとに、
融資担当の人と
相談をして
みましょう

入力した物件の情報とプロフィールで、融資条件を想定できる。シミュレーションをしたあとは、不動産投資ローンの相談に進む。

④ 不動産投資ローン
相談に申し込む

スクロールして入力

⑤ 相談をしたあと、
事前審査に申し込む

電話やメールなどで相談をしたあと、相談内容に応じて事前申し込みの手続きを行う。

〈4つの書類を準備する〉
- 本人確認書類
- 所得がわかる書類
- 資産・借入状況がわかる書類
- 不動産の資料

事前審査には上記の書類が必要。所得がわかる書類は、給与所得者であれば源泉徴収票を、確定申告者であれば確定申告書を準備する。不動産の資料は不動産仲介会社からもらう。

歩いて周りの環境を
確認する

いよいよ2人は現地へ。アパートへ行くまでの道のりも調査の
対象です。

 現地に到着しましたね！　アパートは、
今いる駅から、歩いて10分程度です。

 さっそく向かいましょう。アパートへ行
くまでの道のりも調査します。歩きなが
ら住みやすいかどうか、周りの環境を確
認します。行ってみないとわからないこ
とがたくさんあります。

 実際に歩いてみると、近くにどんな人が
住んでいるのか、街の雰囲気も詳しくわ
かりますね！

 騒音や嫌悪施設（→P58）がないかも確
認しましょう。どうですか？

 駅から少し離れたら、子どもが多い住宅
街になってきました。静かですね。駅の
近くはスーパーもあって便利そうだし、
住みやすいと思います。

 そうですね。できれば、日が暮れてから
も歩いてみましょう。治安がよいかは夜
のほうがわかります。

購入前には
必ず現地へ
行きましょう

騒音
隣人による騒音、車や電
車、近くの施設による騒
音がある。

周辺環境のチェックポイント

生活するのに便利？

近くで食品や生活用品を買うことができればよい。

どんな人が住んでいる？

道行く人を観察して、どんな人が住んでいるのか把握する。

治安はよい？

周りの店舗や住人から判断する。夜に歩くとわかりやすい。

アパートの周りは静か？

騒音はないか確認する。

近くに嫌悪施設はない？

ゴミ屋敷やお墓、高圧線などがなければ大丈夫。

空室物件は多くない？

空室が多いと、賃貸が成り立たない地域の可能性がある。

日が暮れると街の雰囲気が変わる！

昼と夜では、営業している店舗や街を利用する人が変化する。どちらも確認しておくと、街の雰囲気や治安がわかりやすい。

住んでいる人に聞くともっと詳しくわかる！

住みやすい地域か、道行く人に声をかけて聞いてもよい。近くに住むことを考えているとして住民に聞くと実際の声がわかる。

現地調査②

アパートに着いたら 物件を外側から確認する

アパートに着いた2人は建物と土地についてチェックすることに。まずは物件の外側から確認します。

 アパートに着きました！ 何から確認したらいいですか？

 物件を外から見ましょう。**建物の外観や土地について確認**します。

 物件の外は掃除がされていて、雑草も生えていないしきれいです！

 建物の外壁に汚れや**クラック**、**チョーキング**などはありませんか？

 外壁もきれいです。土地についてはどうやって確認するんですか？

 擁壁や坂、階段に面していないかを確認しますが、このアパートは平地にあるので大丈夫ですね。そのほか、**境界標**と境界を越える物がないかどうか、アパートが面している道路についても確認しましょう。

 わかりました。メモを取りながら確認します！

クラック
壁のひび割れやすきまのこと。目で見て確認する。

チョーキング
塗料の成分が粉状になること。太陽光や雨などによって塗装が劣化して起こる。壁を触って粉がつくか確認する。

擁壁
崖をおおう人工の壁のこと。敷地と道路に高低差があるときや、敷地のうしろに崖があるときなどに設置される。

境界標
不動産と不動産の境目を示すもの。境界を確定したらそこに境界標を設置し、そのあと確定測量図が作成される。

物件を1周まわってチェック！

☑ 外壁はきれいか

塗装がきれいで汚れやクラック、チョーキングがなければよい。建物の劣化が進んでいるときは修繕が必要。

☑ 越境物があるか

エアコンの室外機など隣の物件との境界を越える「越境物」があると、隣人トラブルのリスクがある。建て直すときに、越境物の解消が必要なこともあるので、越境物があれば、隣の物件の所有者ともめていないか不動産仲介会社に確認する。

☑ 建物が建っている場所は？

建物が急な坂や階段に面していると入居者が決まりにくい。近くに古い擁壁があるときは崩壊の恐れがある。また、地盤についてはサポートマップなどで確認する。

☑ 道幅は十分か

面している道の幅が4m以上あればよい。ただし、12m以上あると騒音面から入居者が決まりにくい。建物が道に面していない場合、再建築不可なので、初心者は避ける。

☑ 境界が決まっているか

境界が決まっているか、境界標があるかを不動産仲介会社に確認する。境界がない場合は、隣の不動産の所有者とトラブルがないかどうかも確認が必要。

〈境界標の例〉

境界が決まっていれば、境界標を目視で確認する。

空室を内見して
リフォーム費用を見積もる

空室があるときは内見をして、部屋の状態を確認しリフォーム
費用を見積もります。

 今回は空室が1部屋あるので内見もしま
しょう。床が傾いていないか、ドアの建
付けが悪くないか、雨漏りのシミがない
かなどを確認してください。その際、リ
フォームについても考えましょう。

 リフォームの必要性と費用がいくらにな
りそうかを考えるんですね！

 その通りです。**内見同行サービス**を利用
すると正確な費用を見積もることができ
ます。また、買主と売主のどちらがリ
フォームするのかも確認しましょう。原状
回復（→P140）の範囲は売主が行うこ
とがほとんどですが、設備の追加は引き
渡しを受けたあとに買主が行うことも多
いです。

 内見時にどこを誰がリフォームするのか
知っておくことが大切ですね。

 できそうなところは、DIYすると費用を削
減できます（→P140）。リフォーム費用を
引いた金額で購入を希望しましょう。

内見同行サービス
物件の現地調査へ行くと
きに、同行してもらうリ
フォーム会社のサービ
ス。費用は会社によって
異なる。

今回は2か所のリフォームで5万円程度！

内見の結果、2か所リフォームすることにしました！

①トイレ

内見時

トイレットペーパーホルダーの設置

トイレットペーパーのホルダーがなかったので設置することに。上に物が置けるホルダーがよい。

予定

> 費用 約5,000円！

温水洗浄便座の設置

温水洗浄便座は必須。ない場合は設置する。

> 費用 約25,000円！

②玄関

予定

床の張り替え

玄関の床のコンクリートが汚かったので、きれいなものに張り替えることに。

> 費用 約20,000円！

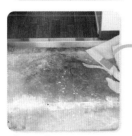

内見時

業者ヒアリングをして買付証明書を提出

物件を確認した2人は、近くの賃貸仲介会社を訪問。ヒアリングをして、買付証明書を提出します。

物件や環境についていろいろ見てきましたが、住みやすそうだし、よい物件だと思いました！

それでは、**最後に業者ヒアリングへ行きましょう**。近くの賃貸仲介会社は調べましたか？

物件数の多い会社で3社見つけました。**大手フランチャイズ系の会社を1つと、地元に強い会社を2つ訪問**しようと思います。

それでは行ってみましょう。

ヒアリングをして、問題がなければ買付証明書を不動産仲介会社に渡せばいいんですね！

その通りです。ここまで確認してよい物件なら、すぐに買付証明書を提出しましょう。購入しやすくするため、先に買付証明書を記入しておき、購入を決めたらすぐにメールで送ってください。

大手フランチャイズ系の会社
全国的に管理物件数が多く、顧客数も多い。「SUUMO」や「アパマンショップ」などがある。

地元に強い会社
地元に特化して物件数が多く、対応がきめ細かいことが多い。物件近くの駅で探してみよう。

業者ヒアリングのときのシナリオ

同じシナリオで
3社へヒアリングに
行きました

1 あいさつ

こんにちは。お忙しいところ申し訳ありません。私、○○○○と申します。この近くで、アパートの購入を検討しているのですが、このあたりの地域についてお聞きしてもよろしいでしょうか。

2 地域についての調査

①このあたりの空室率はどのくらいでしょうか。
②2DKのアパートの場合、家賃はいくらくらいが相場でしょうか。
③AD（広告企画料）はいくらくらいが相場でしょうか。
④アパートに必須の設備はどんなものがありますか。

3 今後のお願い

購入できたときには、アパートの管理や入居者のご紹介など、ぜひともよろしくお願いいたします。

【 業者ヒアリングの心得 】

物件の詳しい情報はひみつに

特定の業者にしか広告が出ていない物件もあるので、物件を特定するとトラブルになりかねない。まだ購入前なので、物件の詳しい情報を伝えるのは控える。

現地調査を終えて物件に
問題はありませんでした。
買付申込書を
不動産仲介会社に提出します

大家の名刺を持って行く

見本

個人大家さん
山田○○

〒000-0000
○○○○○
○○○
TEL　00-1111-2222
Mail　abcd@efg.com

名刺があると信頼度が上がる。また、写真付きの名刺にすると顔を覚えてもらえる。

知って
トクする！

区分マンションや戸建てのときも ☑

現地調査をするときの確認事項をおさえよう

現地調査の基本は、アパートも
区分マンション、戸建ても同じですね！

☑ 住みやすい環境か

住みやすい環境であれば、入居者が決まりやすい。周りにある施設や環境を確認して、住みやすい地域を選ぶ（→P170）。

☑ 建物がきれいか

建物の外壁や周りがきれいであれば、建物が長持ちし、外壁塗装などのリフォーム費用も当分かからない。きれいなほうが、入居者も決まりやすい（→P172）。

＼ 内見できるとき ／

☑ リフォームは必要か、費用はいくらか

区分マンションや戸建て、アパートでリフォームが必要な場合は費用を確認する（→P174）。

＼ 業者ヒアリング ／

☑ 買ってもよい物件・地域なのか

物件の近くの賃貸仲介会社を訪問して、物件がある地域がよい地域か確認する（→P176）。

区分マンションでは、マンション全体の
確認もします

土地に
ついての
チェックは
不要

☑ **共用部分の掃除が
しっかりされているか**

共用部分の清掃がきちんとされていれば、建物の管理がよいということになる。

☑ **同じマンション内の
空室は少ないか**

空室が少なければよいが、空室が多い場合は、入居者が決まりにくい物件である可能性がある。

戸建てとアパートは
土地についても確認しましょう

☑ **土地について**

● 建物が坂や階段に
面していないか
● 道幅が 4m 以上か
● 境界が決まっているか
● 越境物があるか

土地を確認するときのポイントは172ページと同様。戸建ての場合は、境界が決まっていないことも多い。

すべての調査を終えて問題が
なければ、買付証明書を提出します

契約書を確認して購入を最終決定！

買付の申し込みが無事に通った山田さん。不動産仲介会社から受け取った契約書の内容を確認します。

不動産仲介会社から契約書を受け取ったら、内容を確認しましょう。まず、売買契約書の契約不適合責任はどうなっていますか？

契約不適合責任（→P122）はありになっていて、期限は3か月です。物件状況報告書（告知書）も確認しました。雨漏りもシロアリ被害もないようです。

次に、重要事項説明書で登記と契約の解除についても確認しましょう。ローン特約も重要です。

登記簿謄本をもらったので、一緒に確認します！　解除も定められていますね。ローン特約もついていて、期限も十分あります！

そのほか、アパートで特に確認しておきたいポイントもあります（→右ページ）。検査済証の有無、または、台帳記載事項証明を確認し、完了検査の番号と日付をチェックします。

登記簿謄本
不動産の登記について記載した書類。

検査済証
建築基準法にもとづいた建物の検査の書類。書類内に番号と日付が書かれていれば、検査がすんでいることを示す。

台帳記載事項証明
再発行ができない検査済証を紛失したときに、代用として取得する書類。役所の建築指導課で発行できる。

アパートの契約時のポイント

基本のチェックポイントは182ページで紹介しています。間違いや不明なところがあれば、必ず不動産仲介会社に確認しましょう

☑ ローン特約があるか、期限はいつまでか

ローンを組むときは、特約があり解除期限が十分であればよい。売買契約書と重要事項説明書で確認する。

☑ 確定測量図はあるか

重要事項説明書で確認する。境界が確定している場合は売主が所有している。土地の面積や境界について記載があるので、現地調査で確認した内容と同じであればよい。

☑ 設備の引き継ぎはあるか

特に、プロパンガスとケーブルテレビはそれぞれの契約書で契約内容を確認する。引き継ぎ条件や解約する場合の違約金を確認し、引き継ぐか決める。

☑ 検査済証に番号と日付があるか

検査済証に番号と日付があれば、建物を建築したときに確認がすんでおり、違法建築ではないという証明になる。

ないときは台帳記載事項証明を確認しよう

検査済証は紛失すると再発行できないので、台帳記載事項証明で確認する。書類内に「確認済証発行年月日番号」があれば、完了検査を受けているので大丈夫。

☑ レントロールで入居者を確認する

例	部屋	家賃	共益費	契約開始～終期
	101	40,000	2,000	2022.4.2 ～ 2024.3.31
	102	40,000	2,000	2021.3.16 ～ 2025.2.28
	103	42,000	2,000	2018.9.10 ～ 2024.8.31

貸し出し状況と更新時期を確認する。賃貸した時期によって間取りが同じでも賃料が異なる場合、管理会社に理由を聞く。

区分マンションや戸建てのときも☑

契約前の書類の
確認事項をおさえよう

必ず確認するのは以下のことですね！

☑ 売買契約不適合責任があるか
☑ 物件状況報告書（告知書）の確認
☑ 登記の内容の確認
☑ 解除の条件に不利なものはないか
☑ 特約条項に不利なものはないか

区分マンション、戸建て、アパートのすべてで共通の確認事項（→P122）。これに加えて、物件の種類ごとに必要な確認事項をプラスする。

【 物件の種類ごとに必要な書類 】

	区分マンション	戸建て	アパート
売買契約書・重要事項説明書	○	○	○
検査済証		○	○
確定測量図		○	○
管理規約	○		
レントロール（オーナーチェンジ物件のみ）	○		○
重要事項調査報告書	○		

区分マンションは管理状態についても
確認しましょう

① 管理規約の内容を チェック

建物の管理や使用に関する決まりごとが
記載されているので、確認しておく。

② 管理費・修繕積立金を チェック

これまでの積立金や滞納額、修理の時期
について確認する。

重要事項説明書でわかる

計画修繕積立金	□無 ・ □有	
当該住戸の計画修繕積立金等	月額〇〇円　滞納額〇〇円（〇年〇月〇日現在）○	
当該管理組合に積み立てられ ている計画修繕積立金等	〇〇円	
計画修繕積立金の預金名義人	滞納額〇〇円（〇年〇月〇日現在）	
計画修繕積立金の預金名義人	□管理組合 □（　　　　　　　）	
備 考		
通常の管理費	月額〇〇円　滞納額〇〇円（〇年〇月〇日現在）○	
通常の管理費	当該住戸の滞納額〇〇円	
通常の管理費	当該管理組合の滞納額〇〇円（〇年〇月〇日現在）	
備 考		

建物の維持修繕の実施状況の記録

共用部分	□無 □有	
専有部分	□無 □有	

滞納額はいくらか
建物全体の滞納額は数
十万円であれば問題な
い。購入する部屋の滞
納額がある場合は、要
注意。売主が支払うか
確認する。

次の修繕は いつごろか
前回の修繕を見れば、
次回がいつごろになる
か確認できる。

戸建てとアパートの確認事項は
180ページを参照してください

検査済証や確
定測量図、設
備などについ
て確認する。

> **注意**
>
> 契約不適合責任がないことも
> 戸建ては、築年数が古いことが多いので免責
> になっていることが多い。

契約に行く

いよいよ契約！
不動産仲介会社へ行く

書類を確認したら、不動産仲介会社へ行って、売買契約を結びます。

 書類の確認がすんだら、いよいよ契約です。

 不動産仲介会社に行って契約を結ぶんですね。何を持って行きますか？

 右ページの5つのものを持って行きましょう。特に、印鑑は忘れやすいので気を付けてくださいね。

 わかりました！　当日は何をするんですか？

 売買契約書と重要事項説明書の説明を受けます。不動産仲介会社には、**重要事項説明義務**があるので、すべての契約内容をここで**最終確認**します。

 このときに確認することは、これまでの契約書等の確認事項と同じですよね！

 そうです。もし何か疑問や間違いがあれば必ず確認してください。問題がなければ、署名・押印して契約を結びます。

契約のときに
不動産について
最終確認
します！

重要事項説明義務
不動産の売買契約を締結するとき、不動産業者は、買主に対して宅地建物取引士による重要事項説明を行うという宅地建物取引業法に定められた義務のこと。

契約内容の最終確認をして契約する

持ちもの

- ☑ 印鑑　☑ 本人確認書類
- ☑ 手付金
- ☑ 仲介手数料の半額分
- ☑ 印紙代

  売買代金による
  100万円から500万円＝2,000円
  500万円から1,000万円＝1万円
  1,000万円から5,000万円＝2万円

契約の前に、担当者が契約内容について、口頭で説明をする。

まず
契約不適合責任
についてですが……

契約当日は、買主と買主の不動産仲介会社も同席する。

【 売買契約の流れ 】

1 契約内容の確認

売買契約書と重要事項説明書に間違いなどがないか確認する。

2 署名・押印

内容を確認して問題なければ、書類に署名、押印して売買契約を結ぶ。

3 手付金・仲介手数料の支払い

手付金と仲介手数料の半額分を支払って、契約は終了。

決済の
準備

契約を結んで終わりじゃない
約2か月間の最終準備

売買契約を結んだあとはローンなどの準備を行い、決済と引き
渡しに備えます。

 契約まですみましたね。ここから決済す
るまでに2か月ほど期間があります。こ
の間に準備しておくことがいくつかあり
ます（→P128）。

 まずは何から準備をすればいいですか？

 今回はローンを組むので、**金融機関に連
絡して本審査に進む**ことからはじめまし
ょう。本審査に通ったら、**金銭消費貸借
契約**を結びます。このときに、融資条件
が決まります。

金銭消費貸借契約
借主が貸主に返還するこ
とを約束して、貸主から
金銭を受け取る契約のこ
と。ローン契約ともいう。

 ほかに、司法書士や火災保険の準備も必
要でしたよね。

 ローンを組む金融機関の指定の司法書士
になるので、火災保険と管理会社につい
て決めましょう。

 火災保険は、評判のよい火災保険の代理
店で探してみます！　管理会社は、チェ
ックポイント（→P136）を確認してよさ
そうだったので、引き継ごうと思います。

ローン契約を結ぶ

本審査と申し込み

売買契約を締結したら本審査に進み、正式にローンを申し込む。事前審査にいくつか申し込んでいた場合、一番条件のよい金融機関に決めよう。

準備する書類

- 住民票
- 所得がわかる書類
- 実印
- 印鑑証明書
- 不動産の資料

事前審査よりもたくさんの書類が必要になる。各金融機関の窓口に確認して、必要な書類を提出する。

金銭消費貸借契約を結ぶ

本審査に通過したら契約書類が届く。内容を確認してから、金銭消費貸借契約を結ぶ。

具体的な融資条件が決まる

返済方法

毎月の返済額や、返済の方法が決まる。

融資金額・融資期間

融資を受けられる金額とその期間が決まる。

金利

属性によって変動する場合や、まれに事前審査の金利と変わる場合は、このときに金利が確定する。

違約金について

返済が滞ったときや途中で一括返済するときに違約金が発生するか、違約金がいくらか確認する。

【 そのほかの準備 】

- ☑ 司法書士の手配 ……
    - ローンを組むときは不要
- ☑ 管理会社の手配 ……
    - 今回は引き継ぐので不要

- ☑ 火災保険の加入
    保険会社をネットで検索して申し込む。不動産仲介会社に聞いてみてもよい。

決済に行く

決済をして
ついに自分のアパートに！

決済・引き渡しが終われば、いよいよ不動産が自分のものに。
不動産投資を楽しみましょう！

 決済の準備ができました。いよいよ明日が決済日で引き渡し日です！

 決済と引き渡しは銀行で行うことが多いです。持ちものは右ページの5つです。

 決済と引き渡しには、どれくらい時間がかかるんですか？

 大体2時間くらいです。午前中に終わることが多いです。本人確認や残りの費用の支払いなどのあと、引き渡しを受けます（→P130）。支払いは当日売主の口座に振り込むこともあります。

 不動産仲介会社の人も来るんですよね？

 買主と売主、それぞれの不動産仲介会社の担当者、司法書士、融資先の担当者も来るので、決済と引き渡しは大人数です。そして引き渡し後は自分の不動産になります！

 ついに家賃収入を得られるんですね！とても楽しみです！

決済日
残りの代金を支払い、決済を行う日。売買契約を結んだときに日時を決めることが多い。

引き渡し日
不動産の引き渡しをする日。決済日と同日のことが多い。

これで
あなたも
大家さんです！

決済・引き渡しに行って自分の不動産に！

持ちもの

- ☑ 実印
- ☑ 印鑑証明書
- ☑ 本人確認書類
- ☑ 仲介手数料の残りの半分
- ☑ 登記にかかる費用

当日は、売主と買主の本人確認をしたあと、不動産の諸費用を支払う。その後、司法書士が登記の手続きをし、残りの費用をすべて支払って、引き渡しを受ける。

ついに自分の不動産に！

【引き渡し後にチェック！】

☑ 鍵の管理について
誰が鍵を管理するのか確認する。安全上、借主しか所有しないケースも多い。

☑ 管理会社について
管理会社を引き継ぐときは、そのままお願いする。変更するときは、新しい会社に引き継いでもらう。

☑ 火災保険について
引き渡しを受けた日から、物件の火災保険にきちんと加入する。

オーナーチェンジなら引き渡し後すぐに収入が入る。空室があれば、入居者を募集して運用をスタートする。

さくいん

監修者紹介　浅井佐知子（あさい さちこ）

不動産鑑定士。不動産投資コンサルタント。浅井佐知子不動産鑑定事務所代表。「不動産鑑定士の資格を持った不動産投資コンサルタント」として、不動産投資スクールも開催。丁寧でわかりやすい解説が好評を得ている。これまでにアパートの賃貸から土地の有効利用、不動産売買、不動産コンサルなど計5,000件以上の案件を担当した実績を持つ。

公式LINEアカウント
「浅井佐知子の不動産の授業」は
左のQRコードから友だち追加できる。

注意

・本書の一部または全部について、個人で使用するほかは著作権上、監修者およびソシム株式会社の承諾を得ずに無断で複写／複製することは禁じられております。

・本書の内容の運用によって、いかなる障害が生じても、ソシム株式会社、監修者のいずれも責任を負いかねますのであらかじめご了承ください。

・本書の内容に関して、ご質問やご意見などがございましたら、弊社のお問い合わせフォームからご連絡をいただくか、下記までFAXにてご連絡ください。なお、電話によるお問い合わせ、本書の内容を超えたご質問には応じられませんのでご了承ください。

[参考文献]
・浅井佐知子著『世界一楽しい 不動産投資の授業』（ソシム）
・浅井佐知子著『世界一やさしい不動産投資の教科書1年生』（ソーテック社）
・不動産鑑定士 浅井佐知子 YouTube チャンネル
　（https://www.youtube.com/@user-rb3kk8kb6d/featureds）
・松村保誠著『ビジネス図解 不動産投資のしくみがわかる本』（同文舘出版）
・林秀行著『知識ゼロからわかる 不動産の基本』（ソシム）
・ファイナンシャルアカデミー著『不動産投資の学校 実践編』（ダイヤモンド社）
・公益社団法人全日本不動産協会ホームページ（https://www.zennichi.or.jp/）
・公益社団法人全日本不動産協会全日本不動産関東流通センターホームページ
　（https://www.zennichi.net/dictionary/）
・一般社団法人不動産流通経営協会ホームページ（https://www.frk.or.jp/index.html）
・一般社団法人投資信託協会ホームページ（https://www.toushin.or.jp/index.html）
・一般社団法人不動産クラウドファンディング協会ホームページ
　（https://prop-crowdfunding.org/）
・楽待ホームページ（https://www.rakumachi.jp/）
・健美家ホームページ（https://www.kenbiya.com/）
・アットホームホームページ（https://www.athome.co.jp/）
・ホームズホームページ（https://www.homes.co.jp/）
・SUUMOホームページ（https://suumo.jp/）

0からわかる！
不動産投資超入門

2024年4月11日　初版第1刷発行

監修	浅井佐知子
発行人	片柳秀夫
編集人	平松裕子
発行	ソシム株式会社

https://www.socym.co.jp/
〒101-0064　東京都千代田区神田猿楽町1-5-15 猿楽町SSビル
TEL：（03）5217-2400（代表）
FAX：（03）5217-2420

印刷・製本　株式会社暁印刷

STAFF

カバーデザイン／喜來詩織（エントツ）
カバーイラスト／山内庸資
本文デザイン／伊藤悠
DTP／明昌堂
本文イラスト／長野美里
校正／渡邊郁夫
編集協力／オフィス201（橋本湖虹）